AF724232

LA FAUSSE ANTIPATHIE,

COMÉDIE.

AVEC

Un Prologue, & la Critique de cette Piéce.

DEDIÉE A MESSIEURS DE L'ACADÉMIE FRANÇOISE;

Par M. NIVELLE DE LA CHAUSSÉE.

Le prix est de trente sols.

A PARIS,

Chez PRAULT, Pere, Quay de Gêvres, au Paradis.

M. DCC. XXXIV.

Avec Approbation & Privilege du Roy.

A MESSIEURS
DE
L'ACADÉMIE
FRANÇOISE.

MESSIEURS,

Permettez-moi de mettre ſous vos auſpices, ces eſſais d'une Muſe qui vous étoit déja dévoüée, & qui re-

connoît ne devoir attribuer ſes ſuccès qu'à vous ſeuls, c'eſt un témoignage public qu'elle doit aux bontés & aux ſecours qu'elle a reçus des Illuſtres Amis que ſon bonheur lui a procurés parmi vous. Oüi, Meſſieurs, la ſeule reconnoiſſance fera tout le prix de l'hommage que vous rend un de vos nourriſſons; c'eſt en cette qualité, que j'oſe vous offrir un tribut que vous m'avez aidé à vous payer; c'eſt le fruit de vos leçons que je vous préſente & dont je vous rends graces. Je ſuis avec un très-profond reſpect,

MESSIEURS,

Votre très-humble & très-obéiſſant ſerviteur,
NIVELLE DE LA CHAUSSÉE.

APPROBATION.

J'Ai lû par l'ordre de Monseigneur le Garde des Sceaux, un Manuscrit intitulé, *la fausse Antipathie*, *Comedie*; je crois qu'elle mérite d'être imprimée, & qu'elle plaira autant par les mœurs, que par le stile. Fait à Paris le 17. Mars 1734.

Signé, DANCHET.

PRIVILEGE DU ROY.

LOUIS, par la grace de Dieu, Roi de France & de Navarre. A nos amés & féaux Conseillers les Gens tenans nos Cours de Parlement, Maîtres des Requêtes ordinaires de notre Hôtel, Grand Conseil, Prevôt de Paris, Baillifs, Sénéchaux, leurs Lieutenans Civils, & autres nos Justiciers qu'il appartiendra, SALUT. Notre bien amé le Sieur NIVELLE DE LA CHAUSSE'E, Nous ayant fait remontrer qu'il auroit composé un Ouvrage qui a pour titre, *la Fausse Antipathie*, *avec la Critique & l'Epitre de Clio*, qu'il souhaiteroit faire imprimer & donner au Public, s'il Nous plaisoit lui accorder nos Lettres de Privilege sur ce necessaires; offrant pour cet effet de le faire imprimer en bon papier & beaux caracteres, suivant la feüille imprimée & attachée pour modele sous le contre-Scel des presentes. A CES CAUSES, voulant favorablement traiter ledit Exposant, Nous lui avons permis & permettons par ces presentes, de faire imprimer ledit Livre ci-dessus specifié, en un ou plusieurs volumes, conjointement ou separément, & autant de fois que bon lui semblera, sur papier & caracteres conformes à ladite feüille imprimée & attachée sous notredit contre-scel, & de le faire vendre & débiter par tout notre Royaume, pendant le tems de *six* années consécutives, à compter du jour de la datte desdites Presentes. Faisons défenses à toutes sortes de personnes de quelque qualité & condition qu'elles soient, d'en introduire d'impression étrangere dans aucun lieu de notre obeïssance; comme aussi à tous Libraires, Imprimeurs & autres, d'imprimer, faire imprimer, vendre, faire vendre, debiter ni contrefaire ledit Livre ci-dessus exposé, en tout ni en partie, ni d'en faire aucuns extraits, sous quelque prétexte que ce soit, d'augmentation, correction, changement de titre ou autrement, sans la permission expresse & par écrit dudit Exposant, ou de ceux qui auront droit de lui, à peine de confiscation des Exemplaires contrefaits, de quinze cens livres d'amende contre chacun des contrevenans; dont un tiers à Nous, un tiers à l'Hôtel-Dieu de Paris, l'autre tiers audit Exposant, & de tous dépens, dommages & interêts; à la charge que ces présentes seront enregistrées tout au long sur le Registre de la Communauté des Libraires & Imprimeurs de Paris, dans trois mois de la datte d'icelles; que l'impression de ce Livre sera faite dans notre Royaume & non ailleurs; & que l'impetrant se conformera en tout aux Reglemens de la Librairie, & notamment à celui du 10 Avril 1725. & qu'avant que de l'exposer en vente, le Manuscrit ou Imprimé qui aura servi de copie à l'impression dudit Livre, sera remis dans le même état où l'Approbation y aura été donnée, ès mains de notre très-cher & féal Chevalier Garde des Sceaux de France le Sieur Chauvelin; & qu'il en sera ensuite remis deux Exemplaires dans notre Biblioteque publique, un dans celle de notre Château du Louvre, & un dans celle de notre très-cher & féal Chevalier Garde des Sceaux de France le Sieur Chauvelin; le tout à peine de nullité des présentes. Du contenu desquelles vous mandons & enjoignons de faire joüir l'Exposant ou ses ayans cause, pleinement & paisiblement, sans souffrir qu'il lui soit fait aucun trouble ou empêchement. Voulons que la copie desdites présentes, qui sera imprimée tout au long au commencement ou à la fin dudit Livre, soit tenuë pour dûëment signifiée, & qu'aux copies collationnées par l'un de nos amés & féaux Conseillers & Secretaires, foi soit ajoûtée comme à l'original. Commandons au premier notre Huissier ou Sergent de faire pour l'execution d'icelles, tous Actes requis & nécessaires, sans demander autre permission, & nonobstant clameur de Haro, Charte Normande & Lettres à ce contraires: CAR tel est notre plaisir. DONNE à Versailles le vingt-neuviéme jour du mois de Mars, l'an de grace mil sept cens trente-quatre, & de notre Regne le dix-neuviéme. Par le Roy en son Conseil, *Signé*, SAINSON. Et scellé du grand Sceau de cire jaune. Et au dos est écrit:

Registré sur le Registre VIII. de la Chambre Royale & Syndicale de la Librairie & Imprimerie de Paris, N°. 689. Folio 692. conformement au Reglement de 1723. qui fait défense, Art. IV. à toutes personnes de quelque qualité qu'elles soient, autres que les Libraires & Imprimeurs, de vendre, débiter & faire afficher aucuns Livres, pour les vendre en leurs noms, soit qu'ils s'en disent les Auteurs ou autrement, & à la charge de fournir les Exemplaires prescrits par l'Article CVIII. du même Reglement. A Paris le premier Avril 1734.

Signé, G. MARTIN, Syndic.

LA FAUSSE ANTIPATHIE,

COMÉDIE.

ACTEURS DU PROLOGUE.

LE GENIE de la Comédie Françoise.

LA FOLIE.

LE BON SENS.

Le Public.
- UN BOURGEOIS.
- UNE PRE'CIEUSE.
- UN ADMIRATEUR.
- UN CRITIQUE.
- UN PETIT MAISTRE.
- UN HOMME SENSE'.

THALIE.

La Scene est sur le Théatre de la Comédie Françoise.

PROLOGUE.

SCENE PREMIERE.

LE GENIE de la Comédie Françoise, *seul.*

ON ne se plaindra plus que je suis indocile.
Sur le goût du Public je vais être éclairci :
Lui-même, il m'apprendra ce secret difficile....
Que vois-je ? La Folie & le Bon Sens aussi !

SCENE II.

LE GENIE, LA FOLIE, LE BON SENS.

LA FOLIE.

SI je n'étois pas la Folie,
Oh ! Je voudrois être Thalie :
Son projet est digne de moi.

LE GENIE.

Voulez-vous bien me dire en quoi ?

LA FOLIE.

Ah ! L'extravagance est complette.

LE GENIE.

Si vous ne daignez pas vous en expliquer mieux . . .

LA FOLIE.

Comment ? Vous ajournez le Public en ces lieux,
Pour le mettre sur la sellette ;
Et lui faire avoüer en quoi, comment, par où,
On peut le contenter ? Eh ! Mais rien n'est plus fou.
Demander au Public le secret de lui plaire !
Vous allez bien l'embarrasser.

LE GENIE.

Vous m'étonnez. Puis-je mieux faire ?
A qui faut-il donc m'adresser ?

LA FOLIE.

A tout autre. Sçait il ce qu'il veut, ce qu'il aime ;
Lui, qui ne fut jamais d'accord avec lui-même ?
Ne lui demandez pas ce qu'il n'a jamais sçu.
Ce qui le détermine est toujours imprévu :
Le Caprice est son guide & sa loi naturelle :
Son goût est pour lui-même une énigme éternelle.

LE BON-SENS.

Le Public n'est pas tel que vous le dépeignez ;
Du moins, le véritable : & vous vous méprenez.

LA FOLIE.

Qu'appellez-vous le véritable ?
Combien en comptez-vous ?

LE BON-SENS.

Autant qu'il est de gens ;

Dont les goûts sont entr'eux plus ou moins différens,
Le moindre cercle usurpe un nom si respectable;
C'est-là qu'un suffisant décide à tout hazard,
Suivant les préjugés, les goûts, & les usages
De tous ces différens & faux Aréopages,
Chaque Societé forme un Public à part:
Mais il en est un autre; & c'est le véritable,
Le moins nombreux de tous, & le plus redoutable;
Qui sçait ce qui lui plait, qui sçait ce qu'il lui faut,
Qui, tous les jours ici, le déclare assez haut.
N'attendez pas de lui ces loüanges frivoles,
Ces ris contagieux, ces éclats indécens;
Enfans de l'ignorance, ennemis du bon sens,
Qu'excite tous les jours aux Piéces les plus folles
Un premier mouvement qui ne se soûtient pas.
Sa joye & ses plaisirs ne sont point un délire,
Un accès passager qui n'a qu'un faux appas:
Il ne rougit jamais de ce qui l'a fait rire;
Ce Public m'appartient, les autres sont à vous.

LA FOLIE.

Bon sens, vous radottez. Ils m'appartiennent tous.
De quel droit venez-vous ici me tenir téte ?

LE BON-SENS.

Ou par droit naturel, ou par droit de conquête.

LA FOLIE.

Vous allez discourir, & m'ennuyer à mort.
Eh, que m'importe, à moi, d'avoir raison, ou tort!
Ici la préséance entre nous est réglée.

LE BON-SENS.

Ne vous lassez-vous point de vous y voir sifflée ?
Vous l'étes tous les jours ; jamais je ne le fûs.

LA FOLIE.

On m'aime ; & l'on vous craint : Voilà la différence ;
Lorsque vous paroissez, on bâille ; & rien de plus.
Ah ! Je ressens déja l'effet de sa présence.

(*Elle bâille.*)

Oh ! Vous allez joüer un rôle fort plaisant.

LE BON-SENS.

On va plaider ma cause, & j'y serai présent.

LA FOLIE.

Tant pis.

LE BON-SENS.

Peut-être.

SCENE III.

LE GENIE, LA FOLIE, LE BON-SENS; UNE PRE'CIEUSE, UN BOURGEOIS, UN CRITIQUE, UN ADMIRATEUR, UN HOMME SENSE'.

(*Ils font tous amitié au Bon-Sens.*)

LE CRITIQUE, *caressant le Bon-Sens.*

(*à la Folie.*)

AH! Serviteur, Déesse.

LA FOLIE.

D'où vient donc que ces Gens lui font tant de caresse?

LE CRITIQUE, *au Bon-Sens.*

Ah! Parbleu, mon Patron, je vous sers assez bien,
Envers & contre tous; je ne ménage rien.
Vous êtes ce que j'ai de plus cher dans le monde.
Sans cesse, à tout propos, je critique, je fronde.
Malheur à tous les sots, y compris les Auteurs;
Sans compter leurs Admirateurs;
(*Il fait une révérence à l'Admirateur.*)
Quand, suivant leur coûtume, ils vous font quelque outrage,
Ventrebleu! je m'éleve, & contre eux je fais rage.

LE BON-SENS.

Je vous suis obligé. Mais loin de me servir,

Si vous continuez, vous me ferez haïr.

LA PRE'CIEUSE.

Le sexe dont je suis ne vous rend guére hommage :
Mais je déroge à notre usage,
Et mets en non-valeur ma dispense avec vous.
Je veux bien vous devoir mes charmes les plus doux.

L'ADMIRATEUR.

Madame fait valoir la moindre bagatelle.
Personne, en vérité, ne s'exprime comme elle.

LE CRITIQUE.

Tant pis, morbleu.

LA FOLIE.

Voyons; ce n'est pas d'aujourd'hui
Que je vois les plus foux se réclamer de lui.

LE BOURGEOIS, *au Bon-Sens.*

Touchez-là, notre ami; je suis aussi le vôtre.
Demandez à ma femme, à qui, soir & matin,
Je vous prône sans cesse; & c'est, comme dit l'autre,
Perdre son tems & son latin.

LE GENIE.

Vous sçavez l'embarras que mon emploi me donne;
Je suis chargé du soin de vos amusemens.
Je voudrois, s'il se peut, ne déplaire à personne;
Et réünir enfin vos applaudissemens.
Donnez-m'en le secret; vous le sçavez?

TOUS.

Sans doute;

LE GENIE.

Convenez entre vous ; déterminez ma route ;
Et vous serez servis au gré de vos désirs.
Dites-moi votre goût ; ordonnez vos plaisirs.

LA FOLIE.

Qui, mieux que moi, peut vous le dire?
N'est-ce pas moi qui les inspire?

LE BOURGEOIS.

Or sus, pour commencer, tout d'abord je conclus
Que la meilleure Piéce est où l'on rit le plus.
Pour moi, la plus joyeuse est celle où je me livre.
Du reste, serviteur ; je m'ennuye en entrant ;
Et fût-elle un chef-d'œuvre, & propre à faire un livre,
Malgré-moi, ventrebleu, je bâille, en admirant.

L'ADMIRATEUR.

Oüi, j'aimerois assez une Piéce égayée.

LE BOURGEOIS.

En un mot, j'aime à rire, à gorge déployée.

LA PRE'CIEUSE.

Est-ce qu'on rit encore?

LE BOURGEOIS.

Est-ce qu'on ne rit plus?
Vous me la donnez belle! Et, par quelle avanture...?

LA PRE'CIEUSE.

La joye est tombée en roture.

LE BOURGEOIS.

Et le Bon-Sens aussi, Je m'en moque, Au surplus ;

Je veux rire; ou, sambleu! je prendrai ma revanche:
Monsieur l'Ordonnateur, adieu, jusqu'à Dimanche.

SCENE IV.

LE GENIE, LA FOLIE, LE BON-SENS, LA PRE'CIEUSE, LE CRITIQUE, L'ADMIRATEUR, L'HOMME SENSE'.

LE BON-SENS.

ET d'un Public.

LA FOLIE.

Eh bien? Celui-là par hazard
N'est-il point à vous?

LE BON-SENS.

Non: je n'y prends point de part.

LA FOLIE.

Ainsi du reste.

(*Au Critique.*)

A vous, caustique impitoyable.

LE GENIE.

Dites-nous votre avis. Que trouvez-vous de bon?

LE CRITIQUE.

Rien.

LE GENIE.

Rien?

LE CRITIQUE.

Oüi, rien de bon, ni même de passable;

LE GENIE.

Vous ne loüez donc jamais?

LE CRITIQUE.

Non;

Je n'en eus de mes jours la sotte complaisance.

LE GENIE.

Quoi? Vous n'approuvez rien?

LE CRITIQUE.

Je n'ai jamais été
Réduit à cette extrêmité:
Et pour n'y pas tomber, je blâme tout, d'avance.
Le titre de l'Ouvrage, & le nom de l'Auteur,
Suffisent pour cela, quand on est connoisseur.
C'est le Bon-Sens qui fait que jamais je ne loüe.

LE BON-SENS.

Moi? Soyez assûré que je vous désavouë.
Je n'approuvai jamais cette extrême rigueur
Que l'on exerce autant par air, que par humeur.
Mais au contraire, je me préte
En faveur des beautés, je fais grace aux défauts.
Trop de délicatesse est souvent indiscrette.
Un dégoût général désigne un esprit faux.
Qui n'est jamais content, n'est pas digne de l'être.
Tel épluche un Ouvrage, en croyant s'y connoitre;
Et trouve des défauts par tout,
Qui ne sont bien souvent que dans son propre goût;

LE CRITIQUE.

Ah! Vous étes trop bon.

LE GENIE.

Et vous, trop intraitable.

Je n'ai rien à vous demander.

LE CRITIQUE.

Cependant je puis vous aider
A donner un sepctacle un peu moins détestable.
Je connois le Public. Il est malin, cruel;
Il aime à voir couler la bile avec le fiel.
Quittez tout autre goût; embrassez la critique;
Armez-vous de ses traits; devenez satyrique.
Ce genre a trouvé du crédit;
On l'a rendu facile: Il y faut moins d'esprit.

LE BON-SENS.

La Critique, autrefois moins âpre & moins amére,
Instruisoit les Auteurs, sçavoit les redresser;
Comme on voit une tendre mere
Corriger des enfans qu'elle craint de blesser.
Alors, elle pouvoit briller sur le Théatre:
Mais son utilité n'a pas duré long-tems;
Ce n'est plus aujourd'hui qu'une affreuse marâtre,
Qui dès le berceau méme étouffe ses enfans.

LA FOLIE.

Vous voulez supprimer le plaisir de médire?

LE CRITIQUE.

Qu'importe que l'on nuise aussi-tôt qu'on fait rire?
Tombez sur ce peuple d'Auteurs,

A qui l'appas du gain & la fainéantise
Font apporter ici sottise sur sottise,
Dont ils sçavent trop bien empaumer les acteurs;
Aidez-les à se faire une guerre cruelle;
Empoisonnez encor leur haine mutuelle,
Et la rage qu'ils ont à s'entre-déchirer;
N'épargnez à pas un la plus forte satyre;
Fust-ce même Apollon. Le Public aime à rire
De ceux que tous les jours on lui voit admirer.

LE GENIE.

En suivant votre avis . . . .

LE CRITIQUE.

Vous ne pouvez mieux faire.

LE GENIE.

Je serai donc sûr de vous plaire?

LE CRITIQUE.

Point du tout. Quant à moi, ce que je vous en dis,
C'est pour votre profit. Jamais je n'applaudis,

SCENE V.

LE GENIE, LA FOLIE, LE BON-SENS, LA PRE'CIEUSE, L'ADMIRATEUR, L'HOMME SENSE'.

L'ADMIRATEUR.

Cette guerre d'Auteurs auroit bien son mérite.

LA PRE'CIEUSE.

Vous moquez-vous des Spectateurs ?
Quoi ? Nous aurons toujours des bisbilles d'Auteurs!
Ces Sujets sont trop bas. Le Public vous en quitte,
Génie, élevez-vous à des objets plus grands.
Prenez le ton philosophique;
Ajustez la Métaphysique
A l'usage du sexe & des honnêtes-gens;
Pour la mettre à portée, ôtez-lui ses échasses:
Mais ne lui donnez pas des allures trop basses.
Ayez le badinage abstrait & clair-obscur,
Toujours enveloppé d'un tendre crépuscule.
Faites-vous deviner, vous plairez à coup sûr.
Ayez pour votre langue un peu moins de scrupule;
Osez-en disposer comme de votre bien:
Pour dire ce qu'on veut, c'est l'unique moyen.
D'heureuses libertés sont bien récompensées.
Soyez maniéré dans vos réfléxions,

Et toujours imprévû dans vos expreſſions.
Agencez votre ſtyle à l'air de vos penſées.

L'ADMIRATEUR, *battant des mains.*

A miracle !

LE BON-SENS.

Monſieur entend apparemment
Ce Jargon-là tout couramment ?

L'ADMIRATEUR.

J'imagine l'entendre, ou du moins je l'admire.

LA FOLIE.

Hé ! Mais rien n'eſt plus clair. Je ne pourrois mieux dire.

(*Au Bon Sens.*)

Oh ! Vous hauſſez l'épaule à tout ce que l'on dit.
Ce langage n'eſt pas le vôtre :
C'eſt celui de l'eſprit. Quiconque en parle un autre,
Encanaille à la fois ſa langue & ſon eſprit.

LE GENIE, *Au Bon-Sens.*

Donnerons-nous encor dans ce tatillonnage ?

LE BON-SENS.

La nouveauté du genre a d'abord ébloüi ;
Mais le charme eſt évanoüi.
La raiſon a repris ſon ancien langage ;
Et c'eſt celui de vos ayeux :
Il doit être pour vous auſſi bon que pour eux.

LA PRE'CIEUSE.

J'en appelle.

LE GENIE.

A qui donc?

LA PRECIEUSE.

Au bon sens.

LE GENIE.

C'est lui-même

Qui vient de décider.

LA PRECIEUSE.

Votre erreur est extrême.

Je m'y connois : ce n'est plus lui.
Isméne ouvre, ce soir, son cercle académique.
On doit en ma faveur y relire aujourd'hui
Une Piéce d'un goût Métaphysi-comique;
C'est de l'esprit tout pur, passé par l'Alambic,
Trop fin pour le goût du Public;
Le bon-sens; mas je dis le bon-sens véritable.

LE BON-SENS.

Vous verrez que nous sommes deux.

LA FOLIE.

Autant que de Publics; cela n'est pas douteux.

LA PRECIEUSE.

Il y sera, vous dis-je, & ce Juge équitable
Approuvera mon goût, & me rendra raison
De l'accüeil si bourgeois qu'on me fait en son nom.

SCENE VI.

LE GENIE, LA FOLIE, LE BON-SENS, L'ADMIRATEUR, L'HOMME-SENSE'.

LE BON-SENS.

LA bonne connoisseuse !

LA FOLIE.

Allez, ma chere amie ;
J'aurai soin de me rendre à votre Académie.

L'ADMIRATEUR.

Pour moi, l'on satisfait aisément mes désirs.
Je suis de tous les goûts & de tous les plaisirs.
J'ai pour tous les Auteurs une estime infinie :
Je ne fiflai jamais aucun d'eux de ma vie.
Tout homme qui s'adonne à divertir autrui,
Mérite que l'on ait un peu d'égard pour lui.
Aussi malgré ma femme, & ses façons maussades ;
J'en ai toujours sans vanité
Chez moi deux ou trois accolades,
A l'heure du dîner, pour leur commodité,
Mon cuisinier fait des merveilles.
Ces Messieurs, à leur tour, enchantent nos oreilles ;
Ainsi. . . .

LE GENIE.

De vos avis on se passera bien.
Quiconque admire tout, ne se connoît à rien.

SCENE VII.

LE GENIE, LA FOLIE, LE BON-SENS, L'HOMME-SENSE', LE PETIT-MAISTRE.

LE PETIT-MAISTRE.

JE viens tard; excuſez. Je me ſauve au plus vîte.
(*A la Folie.*)
Déeſſe, vous voilà! Je vous en félicite.
Je vous trouve par tout où l'on trouve quelqu'un;
(*montrant le Bon-ſens.*)
Quel eſt ce viſage importun?
Je n'ai vû ſa figure en aucun lieu du monde.
Cela ſent ſon Poëte une lieuë à la ronde.

LA FOLIE.

C'eſt toute une autre eſpece, un Eſtre de raiſon;

LE BON-SENS.

Avec qui vous n'aurez jamais de liaiſon.

LE PETIT-MAISTRE.

Qu'on nomme?

LA FOLIE.

Le bon ſens.

LE PETIT-MAISTRE.

Oüi, je me le rappelle,

LE BON-SENS.

C'eſt du plus loin,

LE PETIT-MAISTRE.

Quelle nouvelle ?

Hé bien ? Qu'a-t-on conclu ?

LE GENIE.

Rien encore entre nous.

LE PETIT-MAISTRE.

Qu'attend-on ?

LE GENIE.

Votre avis.

LE PETIT-MAISTRE.

Soit.

LE GENIE.

D'abord, aimez-vous ? . . .

LE PETIT-MAISTRE.

Beaucoup.

LE GENIE.

La Comedie ?

LE PETIT-MAISTRE.

Oüi, quand elle est meublée.

LE GENIE.

Qui vous la fait aimer ?

LE PETIT-MAISTRE.

Le monde, & l'assemblée.

LE GENIE.

Mais. . . .

LE PETIT-MAISTRE.

Le monde se cherche, & je le cherche aussi.

LE GENIE.

C'est-là tout ce qui peut vous attirer ici?

LE PETIT-MAISTRE.

Oüi, l'affluence est tout ce qui m'est nécessaire.
Je jette, en arrivant, un coup d'œil circulaire.
Nous ne valons qu'autant que nous nous faisons voir;
Si quelque femme d'importance,
Fiére d'être à la Cour un peu sur le trotoir,
Veut éluder ma révérence,
Je me fais un plaisir d'abaisser son orgüeil
Jusqu'à me saluer: Je fais la guerre à l'œil,
Je la tiens en arrest, & je m'opiniâtre
Tant, qu'au milieu d'un Acte enfin l'on m'apperçoit;
Je me leve, on me rend le salut qu'on reçoit;
Cela fait un coup de théatre.

LE GENIE.

Et la Piéce?

LE PETIT-MAISTRE.

Elle va son train, & moi, le mien;

LE GENIE.

Sans qu'elle vous occupe en rien?
Car vous n'êtes pas homme à prendre la fatigue
D'entrer dans des détails, & d'en suivre l'intrigue.

LE PETIT-MAISTRE.

L'intrigue! Ah! Palsambleu, l'Auteur peut arranger
La sienne pour le mieux. J'ai la mienne à songer.
Avant qu'on soit au fait des nouvelles courantes,
Que l'on ait décliné vingt femmes différentes,

À qui, de loge en loge, on va faire sa cour;
Et qu'on ait au foyer été faire son tour,
La Piéce est aux abois; le dernier Acte expire.

LE GENIE.

Et vous jugez alors ? . . .

LE PETIT-MAISTRE.

Définitivement.

LE GENIE.

Mais encor, que pouvez-vous dire ?

LE PETIT-MAISTRE.

Ma décision roule alternativement
Sur ces deux mots. . . . .

LE GENIE.

Qui sont ?

LE PETIT-MAISTRE.

Divin, ou détestable;
Et souvent le dernier est le plus véritable.

LE GENIE.

Ah! Je vous reconnois pour être d'un pays,
Où d'abord on sçait tout, sans avoir rien appris.

LE PETIT-MAISTRE.

Enfin, les spectacles que j'aime,
Sont ceux où la presse est extrême.

LE GENIE.

Pour l'attirer ici, sçavez-vous un moyen ?

LE PETIT-MAISTRE.

Parbleu, rien n'est plus simple.

LE GENIE.

Hé bien?

LE PETIT-MAISTRE.

Les nouveautés ſont toujours belles.
Sans vous embarraſſer du choix,
Ne nous donnez jamais que des Pièces nouvelles;
Affichez-les d'abord pour la derniere fois;
Prenez double, rendez vos plaiſirs impayables;
Exceptez le Parterre: Il pourroit au ſurplus
Vous envoyer à tous les Diables.
C'eſt du reſte à quoi je conclus.

SCENE VIII.

LE GENIE, LA FOLIE, LE BON-SENS, L'HOMME-SENSE'.

LA FOLIE.

VOilà bien des Publics qui paſſent en revûë.
Vous voyez qu'à la ville auſſi-bien qu'à la cour,
Vous n'êtrennerez pas, ſi cela continuë.

LE BON-SENS.

Peut-être que j'aurai mon tour.

LE GENIE *à l'Homme-Senſé.*

Paſſons à vous, Monſieur.

L'HOMME-SENSE'.

Moi, ſur cette matiére

Je n'ai qu'un foible uſage, & fort peu de lumiere.
Je pourrois me tromper.

LA FOLIE.

C'en eſt le pis-aller;
Cela ne doit jamais empécher de parler.
Comment? Vous rougiſſez?

L'HOMME-SENSE'.

J'ai lieu d'être timide.

LA FOLIE.

On penſe mal des gens qui n'oſent dire un mot.

LE BON-SENS.

Souvent il n'en faut qu'un pour paſſer pour un ſot.

LA FOLIE.

Bon, bon, dites toujours.

L'HOMME-SENSE'.

Jamais je ne décide.

LA FOLIE.

Peut-on s'en empécher?

L'HOMME-SENSE'.

J'écoute ce qu'on dit;
Et je tâche au ſurplus de le mettre à profit.

LE BON-SENS.

(*à part.*)
Cet homme, par hazard, ſeroit-il raiſonnable?
J'aime ſa retenuë, & ſa timidité.
Quand on compte ſi peu ſur ſa capacité,
On ne dit jamais rien qui ne ſoit convenable.

L'HOMME-SENSE'.

Je vais, puiſque vous l'exigez,
Dire à peu près ce que je penſe:
Mais ce ſera ſans conſéquence.
Ce ne ſont que des préjugés.

LE GENIE.

Sur le théatre, enfin, que faut-il vous produire?

L'HOMME-SENSE'.

Je cherche à m'amuſer; encor plus à m'inſtruire.

LA FOLIE.

A s'inſtruire! Cet homme eſt de mauvaiſe foi.

L'HOMME-SENSE'.

Le vrai, le naturel ont des charmes pour moi.
Renvoyez aux Forains ces folles rapſodies,
Que l'on veut bien nommer du nom de comedies;
Qu'on ne voit qu'une fois, que jamais on ne lit,
Où l'eſprit & le cœur ne font aucun profit.
Quoi? Nous aurons toujours des farces ſurchargées?
Une intrigue couſuë à des Scénes brochées?
Des ſuppoſitions, des caracteres faux,
Abſurdes, indécens, chargés outre meſure;
Des portraits inventés, dont jamais la nature
N'a fourni les originaux?
Hé quoi? Dans le ſiecle où nous ſommes,
Quelle néceſſité d'imaginer des hommes!
De pouſſer leur folie au ſuprême dégré!
C'eſt aſſez des travers que chacun d'eux ſe donne:
Peignez-les tels qu'ils ſont. Un ridicule outré

Fait

Fait rire, & cependant ne corrige personne;
Je m'explique peut-être avec témérité.
Bien d'autres cependant osent penser de même,
Toutefois je n'en tire aucune autorité.
A vos décisions, je soumets mon systême.

SCENE IX.

LE GENIE, LA FOLIE, LE BON-SENS.

LE BON-SENS.

AH! Je le reconnois à ce discours sensé.
Le voilà ce Public que j'avois annoncé;
A qui par préférence, il faut chercher à plaire.

LE GENIE.

Que ne m'est-il permis d'y borner tous mes soins?

LA FOLIE.

Lui? C'est un franc Visionnaire,
Et, de tous les Publics, celui qui vaut le moins;
Car il est sérieux. Avec la multitude
On ne gagne souvent que de l'incertitude.
Mais j'ai pitié de vous. Je serai votre appui.
Laissez-moi sur la Scene un souverain empire;
Sur-tout que le Bon-Sens pour jamais se retire:
Je ne veux rien avoir à débattre avec lui.
A ce prix, j'entreprends d'entretenir Thalie,
Et Melpoméne encor, par-dessus le marché.

LE GENIE.

Je ne puis. Au Bon-Sens je suis trop attaché.
Mais souffrez qu'avec lui je vous réconcilie.
Cet accord vous convient, & seroit mon bonheur.

LA FOLIE.

Qui, moi? Que je m'unisse avec un raisonneur.
Qui s'oppose sans cesse à mon heureux délire,
Dont le but est d'apprendre à se passer de rire?
Un pédant, dont le front toujours chargé d'ennui,
Ecarte le plaisir qui vient s'offrir à lui?
Le fléau de tous ceux qui deviennent sa proye,
Qui dispense à regret, & mesure la joye
Que je répands à pleines mains?
Ce ridicule accord déplairoit aux humains.

LE GENIE.

Vous vous corrigerez tous les deux l'un par l'autre.

LA FOLIE.

Entre nous, en un mot, il faut se déclarer.

LE GENIE.

Je n'oserois vous séparer.
Son secours m'est utile, & j'ai besoin du vôtre.

LA FOLIE.

Hé bien? Eprouve donc sa persécution,
Insensé; je te livre à sa direction.
Bientôt tes spectateurs aussi froids que des ombres,
Encor plus ennuyés que des Mânes plaintifs,
Epars sur les rivages sombres,
Rappelleront ici les plaisirs fugitifs:

J'aurai conduit ailleurs leur folâtre cohorte.
A commencer dès aujourd'hui,
Ce lieu va devenir le temple de l'ennui.
Tu finiras par mettre écriteau sur la porte.

SCENE X.

LE GENIE, LE BON-SENS.

LE GENIE.

CEtte prédiction pourroit bien s'accomplir;
Je crains qu'elle aille s'établir.....

LE BON-SENS.

Laissez, laissez aller cette folle immortelle;
On peut ici se passer d'elle.
Vous ne manquerez pas de prodiges nouveaux.
Plus d'un vrai nourrisson des filles de mémoire
Pour quelque tems encore assûrent votre gloire.
Si ce n'est pas assez, ils auront des rivaux.
J'en sçai qui n'ont besoin que d'un peu plus d'audace;
Et je vais les encourager.

SCENE XI.

LE GENIE *seul.*

JE ſuis au dépourvû. Que faut-il que je faſſe ?
La Folie en tout tems, eſt bonne à ménager.

SCENE XII.

THALIE, LE GENIE.

LE GENIE.

DEeſſe, vous voyez mon embarras extrême.

THALIE.

Oüi, le Public n'eſt pas d'accord avec lui-même.

LE GENIE.

J'ai reçû vingt avis tous différens entr'eux :
Un ſeul m'a paru bon ; mais il eſt dangereux.

THALIE.

Il faut pourtant le ſuivre.

LE GENIE.

Où prendrez-vous des piéces ?

THALIE.

Le Bon-Sens t'a promis ſes ſoins officieux.

LE GENIE.

Oüi : mais en attendant l'effet de ſes promeſſes,

Je n'ai rien à donner.

THALIE.

Eh bien? Faute de mieux,
Prends cette comédie.
(*Lui présentant un manuscrit.*)

LE GENIE.

Est-ce une bonne aubeine?

THALIE.

C'est l'essai d'un Auteur que je connois à peine.

LE GENIE.

Tant pis.

THALIE.

Au bas du Pinde on m'a fait ce present.

LE GENIE.

Si ç'en est un.

THALIE.

Peut-être. Et je n'ose à present
Jurer de rien, en fait d'ouvrage,
Le Public qu'on prévient, refuse son suffrage.
Entre nous, celui-ci me paroît hazardeux.
Je ne sçai; j'y voudrois une fable mieux faite,
Un peu plus de comique, & l'intrigue plus nette.

LE GENIE.

Allons, prenons toujours; les tems sont malheureux.

Fin du prologue.

LA FAUSSE ANTIPATHIE,

COMÉDIE.

ACTEURS DE LA COMÉDIE.

LEONORE.

DAMON, amant de Leonore.

GERONTE, oncle de Leonore.

ORPHISE, femme de Geronte.

FRONTIN, valet de Damon.

NERINE, ſuivante de Leonore.

La Scene eſt dans une maiſon de campagne de Geronte.

LA FAUSSE ANTIPATHIE, COMÉDIE.

ACTE PREMIER.

SCENE PREMIERE.

FRONTIN, NERINE.

NERINE.

TON maître & ma maitresse auroient bien dû s'aimer..
C'est lui ....

FRONTIN.

C'est elle ....

NERINE.

Quoi?

FRONTIN.

Qui devoit l'enflammer.
Leonore a toujours une mélancolie
Qui lui fait bien du tort. L'amour suit la folie.
On veut qu'une maitresse ait l'air vif, semillant;
Un peu moins de bon sens, un peu plus de brillant ....

NERINE.

Un fou cherche une folle, & la trouve de reste.
L'état de Leonore est cruel & funeste.
Frontin, toute sa vie, est ....

FRONTIN.

Défiez-vous-en;
L'histoire d'une femme est toujours un roman.

NERINE.

Oüi. Le sien commença par un sot mariage.
Ce ne fut point l'amour qui la mit en ménage,
Et jamais on n'en eut un dépit plus mortel.
Il falut obéïr, & marcher à l'autel:
Mais, en sortant du temple, un jeune téméraire,
A qui, sans le sçavoir, elle avoit trop sçu plaire,
Furieux de la perdre, attaqua son époux,
L'obligea de se battre, & tomba sous ses coups.
Pour dérober sa tête à l'injuste poursuite
D'un ennemi puissant cet epoux prit la fuite.
Leonore aussitôt saisit sa liberté;
Et s'enfuit en secret dans un cloître écarté,
Sous ce nom inconnu qu'elle conserve encore.
Que ne feroit-on pas pour füir ce qu'on abhorre?

Sa mere, mais trop tard, en mourut de regret.
Géronte apprit enfin notre azyle secret,
Et vint nous apporter....

FRONTIN.

Un brevet de veuvage ?

NERINE.

Oüi. Nous vîmes la fin d'un si long esclavage.
Cet oncle généreux nous retira chez lui.

FRONTIN.

Mais je ne vois point là tant de sujets d'ennui;
Car Leonore est veuve, & dans le plus bel âge.

NERINE.

Douze ans d'absence ont mis tous ses biens au pillage.
C'est pour les recüeillir, ou du moins leurs débris,
Que Géronte est allé faire un tour à Paris.
S'il ne réussit pas dans ses justes poursuites,
Voi l'état malheureux où nous serons réduites.
Géronte a pour sa niéce une tendre amitié;
Mais tu sçais qu'on ne peut vivre avec sa moitié.
Il le faudra, peut-être. Est-il enfer plus rude
Que d'être à la merci d'une maudite prude,
Toujours contente d'elle, & jamais du prochain,
Dont la vertu bruyante insulte au genre humain ?
Joint à l'humeur d'Orphise un sujet infaillible,
Qui la rendra pour nous encore plus terrible :
Elle a, d'un premier lit, une fille à pourvoir.

FRONTIN.

Ceci m'ouvre l'esprit; & je crois entrevoir....

Que je n'étois qu'un sot.... Oüi.

NERINE.

Cela peut bien être,

FRONTIN.

Je crois que Leonore arrête ici mon maître ;
Mais qu'à cause d'Orphise il tient ses feux secrets.
Quand Damon acheta cette terre ici près,
Tu sçais que le château n'étoit pas praticable ;
Et qu'il étoit besoin pour le rendre habitable....

NERINE.

Oüi, je sçai qu'il fallut le faire rétablir.

FRONTIN.

Géronte, en attendant, s'en vint nous accüeillir ;
Et, comme un bon voisin, nous offrit un azyle.
Nous vînmes donc chez lui. Mais notre domicile
Est depuis quelque-tems en état d'y loger :
Mon maître cependant paroit n'y pas songer.

NERINE.

Ta remarque est juste. Oüi... Mais la fille d'Orphise...?

FRONTIN.

Julie ? Ah ! Si mon maître en avoit l'ame éprise,
Son amour oseroit paroitre à découvert.
Leonore est trop fiere ; & sa fierté nous perd.

NERINE.

Les femmes ne sont pas tout ce qu'elles paroissent ;
J'en aurai le cœur net.

FRONTIN.

Les femmes se connoissent.

NERINE.

Leonore m'appelle. Adieu. Cela suffit.
Je m'en vais travailler sur ce que tu m'as dit.

SCENE II.

NERINE, *seule.*

TOut ce que ma mémoire à present me rappelle,
Me confirme encor plus cette heureuse nouvelle.

SCENE III.

LEONORE, NERINE.

NERINE.

VOus m'avez appellée?

LEONORE.

Oüi. Je voulois sortir;
Mais de la part d'Orphise on vient de m'avertir
Qu'elle veut me parler; ainsi je vais l'attendre.
Pour toi, l'on ne sçait plus désormais où te prendre.
Tu sembles te lasser de l'état où je suis;
Et pourtant je m'en plains tout le moins que je puis.

NERINE.

J'étois avec Frontin, puisqu'il faut vous le dire:
Je lui parlois de vous.

LEONORE.

Je sçai ce qui l'attire.

NERINE.

Nous disions que Damon auroit dû vous aimer :
Il a pourtant bien fait de ne pas s'enflammer.

LEONORE.

Tu n'es pas raisonnable.

NERINE.

Il seroit trop à plaindre.

LEONORE.

Va, ce malheur pour lui ne fut jamais à craindre.
Tu m'assûrois pourtant . . . .

NERINE.

Oüi, je croyois d'abord
Que Damon vous aimoit ; Madame, j'avois tort.

LEONORE.

J'y prends peu d'intérêt. Mais sur quelle assûrance
Accuses-tu Damon de tant d'indifférence ?

NERINE.

Si l'on aimoit encore, ainsi que Céladon,
Peut-être je pourrois en soupçonner Damon.
Mais de pareils amans ne sont plus qu'en idée.
A present une intrigue est bientôt décidée.
On ne se donne plus le tems d'être enchaîné :
L'amour prend son essor aussitôt qu'il est né.
Dès qu'on aime, on en fait un récit infidéle ;
On exagere un feu qui n'est qu'une étincelle ;
Pour mieux en assûrer l'objet de son amour,
Un amant en instruit & la ville & la cour.
La sotte vanité conduit tout le mystére ;

Et la fatuité l'empêche de se taire.
Si Damon vous aimoit, il en eût fait l'aveu.
Ainsi nous nous trompions..... Cela vous fâche un peu ?

LEONORE.

Vous vous émancipez. M'avez-vous reconnuë
Pour être, en ma faveur, follement prévenuë ?

NERINE.

Ainsi vous croyez donc mon discours conséquent.
Non, ma chere maîtresse, il est extravagant,
Insoutenable.

LEONORE.

En quoi ?

NERINE.

C'est que Damon vous aime.

LEONORE.

Mais accorde-toi donc, Nerine, avec toi-même.

NERINE.

Un tiers voit mieux que ceux qui sont dans l'embarras.

LEONORE.

Tu viens de me prouver...

NERINE.

Que Damon n'avoit pas
Les défauts des amans qu'en ce siécle on voit naitre.
Quoi? Parce que l'on n'est ni fat, ni petit-maitre,
On ne peut vous aimer? L'obstacle est imprévû.

LEONORE.

Par où peux-tu juger....

NERINE.

Par tout ce que j'ai vû.

LEONORE.

Mais encore, quoi donc ?

NERINE.

Premierement, vos charmes.

LEONORE.

Je n'ai jamais compté sur de si foibles armes.

NERINE.

J'ai démêlé, vous dis-je, à travers ses respects,
Des soupirs étouffés, des regards indirects,
Un silence pénible, autant qu'involontaire,
Des désirs, des égards, du trouble, du mystere,
Un intérêt secret, un soin particulier.
Un homme indifférent est bien plus familier.
Ce sont-là mes garants. Tout cela fait en somme
De l'amour ; &, de plus, un amant honnête-homme.
J'ai vû bien plus encore.

LEONORE.

Acheve ; dis-moi tout.

NERINE.

Que cet amant seroit assez de votre goût.

LEONORE

Ah ! C'est trop voir. Finis ; je ne veux plus t'entendre.
Je te défends..... Hélas ! Que puis-je lui défendre ?
Quoi ? De foibles attraits flétris par les douleurs,
Des yeux accoutumés à pleurer mes malheurs,
Pourroient causer encore une tendre foiblesse ?

Et

NERINE.

Et sut tout à l'objet pour qui l'amour vous blesse ?
Car il faut vous aider.

LEONORE.

Nerine, tu me perds.

NERINE.

Dequoi m'accusez-vous ? Croyez que je vous sers.
Leonore & Damon sont formés l'un pour l'autre.
C'est moi qui vous apprends sa défaite, & la vôtre.
L'hymen peut réparer les maux qu'il vous a faits.
Il forme quelquefois des liens pleins d'attraits.
Quand on dépend de soi, pour soi l'on se marie.

LEONORE.

Ne me rappelle plus le malheur de ma vie,
Ni les égaremens d'un âge sans raison.
A peine j'achevois ma premiere saison,
On me tira du cloître ; & j'entrai dans le monde
Avec les préjugés dont la jeunesse abonde.
Une mere absoluë, abusant de ses droits,
Avoit promis ma main, sans consulter mon choix.
Je me prévins d'abord. Mon dépit fut extrême.
Je croyois qu'on devoit m'obtenir de moi-même.
Je croyois mériter du moins quelques soupirs :
Mais, loin de s'abaisser à flater mes désirs,
On ne m'honora pas d'une seule entrevûë.
Je fus au temple ; & là, sans détourner la vûë,
Victime dévoüée au cruel intérêt,
On me fit malgré moi prononcer mon arrêt.

Quel hymen ! Ou plûtôt quelle union fatale !
L'aversion, sans doute, entre nous fut égale.
En sortant de l'autel, Sainflore disparut.
Moi-même je m'en fuis ; & mon époux mourut.
Mais j'ai connu l'erreur de mon antipathie.
Je crois, si mon époux n'eût pas perdu la vie,
Que sans doute l'hymen, mon devoir, & le tems,
Auroient mis dans mon cœur de plus doux sentimens.

NERINE.

En tout cas, par bonheur, il est en l'autre monde.
Pour vous montrer surquoi mon préjugé se fonde
Au sujet de Damon, il faut vous expliquer
Ce que m'a dit Frontin. Il m'a fait remarquer
Que Damon s'accoutume à la maison d'Orphise.

LEONORE.

Peut-être que sa fille....

NERINE.

Eh ! Souffrez qu'on vous dise...
Mais on vient.

LEONORE.

C'est, sans doute Orphise que j'attends !

NERINE, *à part.*

Le diable qui l'améne a bien mal pris son tems.

SCENE IV.

ORPHISE, LEONORE, NERINE.

ORPHISE.

(à Nerine.)

Vous pouvez demeurer. Vous avez quelque adresse ;
J'aurai besoin de vous, & de votre maîtresse.

(à Leonore.)

Madame, vous sçavez qu'autant que je le puis
Je me fais un devoir d'adoucir vos ennuis.
Entre ma fille & vous tout mon cœur se partage.
J'espere que Géronte en fera davantage ;
Qu'il vous fera rentrer dans vos biens usurpés.
Si par malheur enfin ses soins étoient trompés,
Vous deviendrez, Madame, une seconde fille,
Que la fortune aura mise dans ma famille ;
Et vos plus grands malheurs m'attacheront à vous.

NERINE, *à part.*

Que diantre signifie un exorde si doux ?

LEONORE.

Madame . . . . .

ORPHISE.

Je prévois ce que vous m'allez dire.

LEONORE.

Ma reconnoissance . . . .

ORPHISE.

Eſt telle que je déſire.

LEONORE.

De grace . . . . .

ORPHISE.

Epargnez-vous de vains remercíemens.
C'eſt tout ce qne je crains quand j'oblige les gens.

LEONORE.

Souffrez . . . .

ORPHISE.

Je viens d'apprendre un départ qui m'afflige.
Damon va nous quitter. Et c'eſt ce qui m'oblige
A venir vous prier d'empêcher ſon départ.

LEONORE.

Pour vos moindres déſirs il aura plus d'égard.

ORPHISE.

N'importe. Je voudrois, ſans être compromiſe,
Que vous employaſſiez ici votre entremiſe.

LEONORE.

Madame, ſur Damon ai-je aſſez de crédit ? . . . .

ORPHISE.

Aſſez, pour l'amener au point dont il s'agit.
J'ai des deſſeins ſecrets qu'il faut que je vous diſe.
Connoiſſez-vous Damon ? Parlez avec franchiſe.

LEONORE.

Je le crois honnête-homme.

ORPHISE.

Oh ! Je n'en doute pas.

Le myſtere a pour lui de furieux appas.
Je m'y perds comme vous. Depuis qu'il nous fré-
quente,
Il eſt d'une reſerve incivile & piquante.

LEONORE.

En quoi, Madame ?

ORPHISE.

En tout. En voici quelques traits.
Il eſt homme de guerre, & n'en parle jamais.

LEONORE.

Tous ſes pareils devroient imiter ſa prudence.

ORPHISE.

Quand on eſt noble, on peut en faire confidence;
Il ne cite jamais ni lui, ni ſes ayeux.

LEONORE.

Ceux qui font autrement ſont toujours ennuyeux;

ORPHISE.

Quand on eſt riche, eſt-il naturel qu'on s'en cache ?
Le premier avantage eſt que chacun le ſçache.

LEONORE.

Il n'appartient qu'aux ſots d'en tirer vanité.

ORPHISE.

Ainſi vous approuvez ſa ſingularité ?
Tant mieux. Du reſte, il eſt homme aſſez ſociable;
Je crois qu'on en peut faire un mari fort paſſable,

(*Leonore ſoupire.*)

Plait-il ?

LEONORE.

(*à part.*)

Rien. Ciel ! Dequoi va-t-elle me prier ?

ORPHISE.

J'ai, comme vous ſçavez, ma fille à marier.
Et ce ſeroit me faire un plaiſir véritable
De ſçavoir ſi Damon eſt un parti ſortable.
En ce cas, agiſſez, Madame ; ſervez-nous,
Comme on vous ſerviroit ; faites comme pour vous.

NERINE.

Sans doute, c'eſt à quoi vous devez vous attendre.

ORPHISE.

Je veux, de votre main l'accepter pour mon gendre.
Je crois qu'il va venir vous faire ſon adieu.
Je ſors ; il ne faut pas qu'il me trouve en ce lieu.
Vous ne mettrez en jeu ni moi, ni la future.

LEONORE.

En verité, Madame.....

ORPHIPE.

En pareille avanture
Il faut avec adreſſe employer les détours.
Tout homme qu'on recherche en abuſe toujours :
Se rencherit d'abord, ſans valoir davantage ;
Et, de rien qu'il étoit, s'érige en perſonnage.
Leur fatuité vient du cas que l'on en fait.
Il faut les maitriſer, malgré que l'on en ait,
Se les aſſujettir, les faire à ſon caprice.
Nous perdons leur eſtime, en leur rendant juſtice ;

Nous nous avilissons, si nous sentons leur prix;
Et la moindre indulgence attire leur mépris.
Je vous laisse.

SCENE V.

LEONORE, NERINE.

LEONORE.

Nerine.

NERINE, *riant.*

Ah! Rien n'est plus risible;
Orphise vous procure un moyen infaillible
De vous servir vous-même, en servant ses desseins;
Voilà des intérêts remis en bonnes mains.

LEONORE.

Quelle commission dangereuse & cruelle!
Je ne puis y songer ni pour moi, ni pour elle
Oui, cette occasion n'est qu'un piége fatal.
Je m'exposerois trop, je la servirois mal.
Laissons aller Damon, il faut que je l'évite
Imagine une excuse, & reçois sa visite.

NERINE.

Quel danger courez vous? Quoi? Vous n'osez saisir
La seule occasion qui peut vous éclaircir?

LEONORE.

J'aime mieux à jamais ignorer ma victoire,
Que de mettre en danger mon honneur & ma gloire,

NERINE.

A ne point voir Damon, ne vous obstinez plus.
Que pourroit-il penser d'un semblable refus?
Cette affectation seroit plus dangereuse.
D'ailleurs, madame Orphise en seroit furieuse.
Madame, il faut céder à la nécessité.
Mais j'apperçois Damon.

LEONORE.

Que ne l'ai-je évité!

SCENE VI.

DAMON, LEONORE, NERINE.

(*Damon fait deux ou trois révérences, avance, recule, & paroît déconcerté.*)

NERINE *à part.*

QUe deux amans sont sots, quand ils sont en présence!
Il faut que je les aide à rompre le silence.
(*à Damon.*)
On dit que vous allez chercher en d'autres lieux
Une societé qui vous amuse mieux.

DAMON *à Leonore.*

L'ennui n'habite point un séjour où vous êtes.
Des motifs plus pressans, d'autres peines secrettes. . .

NERINE.

Quoi? Vous partez, Monsieur?

DAMON

DAMON *à Leonore.*

Oüi, Madame, je fuis ;
Je fais ce que je dois, & plus que je ne puis.

NERINE.

Si la maison vous plaît ?

DAMON *à Leonore.*

Que trop !

NERINE.

Hé ! Qui vous presse ?

DAMON *à Leonore.*

Mon honneur, ma raison, le danger, ma foiblesse,
Votre repos, enfin.

LEONORE.

Mon repos, dites-vous ?

DAMON *à Leonore.*

Ah ! Madame, daignez m'écouter sans courroux.
N'y cherchez point un sens coupable & téméraire.
Oüi, pour votre repos, ma fuite est nécessaire.
Orphise dans ces lieux cherche à me retenir ;
Et c'est ce qui m'a fait résoudre à me bannir.
Car enfin je dois voir ce qu'on rend trop visible.
Sa bonté m'est à charge, & vous seroit nuisible.

NERINE.

Quoi ! Vous sçavez déja le bien qu'elle vous veut ?

DAMON.

Quelqu'un l'ignore-t-il ? Non, jamais on ne peut
Avec plus de mystere, être plus indiscrette.
Mais je ne puis répondre à ce qu'elle souhaite.

LEONORE.

On croyoit que Julie auroit dû vous charmer.
Quoi! Ses attraits naissans n'ont pû vous enflammer?

DAMOM.

Ah! Tout autre que moi doit lui rendre les armes.

NERINE.

Vous ne l'aimez donc pas?

DAMON.

Non. J'échape à ses charmes.
Vous seriez exposée à des soupçons jaloux.
Orphise, avec raison, n'accuseroit que vous
Du refus que je fais de prendre cette chaîne.
Sa pénible amitié se changeroit en haine.
Sans compter d'autres maux trop aisés à prévoir;
Je payerois trop cher le plaisir de vous voir.

LEONORE.

Vous le voulez? Il faut approuver votre zéle.

NERINE.

Allez, Monsieur, allez où l'amour vous appelle.

DAMON.

Dequoi m'accusez-vous? Je m'éxile chez moi.
D'ailleurs, si quelque objet me tenoit sous sa loi,
Hélas! Je n'aurois point de retour à prétendre;
Mon cœur s'entretiendroit dans l'amour le plus tendre,
Sans laisser éclater le moindre de ses feux.

NERINE.

Tenez, Monsieur, j'ai peine à croire au merveilleux:
Tant de discrétion est hors de vraisemblance.

LEONORE.

Sans entrer plus avant dans votre confidence ;
Puisque vous nous quittez, vous avez vos raisons.

DAMON.

Moi, des raisons? Je vois vos injustes soupçons.
Vous croyez que je vole où mon bonheur m'appelle.
Si vous sçaviez combien cette erreur m'est cruelle!....
Puisque vous m'y forcez, apprenez mon état.
Si j'aimois, mon amour éviteroit l'éclat.
Je dis plus. Mon aveu deviendroit un outrage ;
Qui déshonoreroit l'objet de mon hommage.
Mon vainqueur ne pourroit répondre à mon amour.
Hé! Que me serviroit le plus tendre retour?
Il feroit le malheur de cette infortunée.
Je gémis dans les fers d'un cruel hyménée.

LEONORE.

Vous êtes marié?

DAMON.

Je le suis. Mais enfin
Un promt événement peut changer mon destin.

NERINE.

Partez, Monsieur, partez ; vous ne pouvez mieux faire.

LEONORE.

Orphise approuvera ce départ nécessaire.

DAMON.

(*à part.*)

Madame, j'obéis. J'espére un promt retour.

SCENE VII.

LEONORE, NERINE.

LEONORE.

IL est donc marié? ... Que devient mon amour?
Nerine, je l'aimois ... Sa présence funeste
N'eût fait qu'entretenir un feu que je déteste.
Est-ce là le bonheur dont mon cœur s'est flaté?
Rassûre-moi; je crains d'avoir trop éclaté.
Ai-je pu contenir ma colere trop promte?
N'en ai-je point trop dit? Ah! Je mourrois de honte.

NERINE.

Je ne puis qu'approuver un trop juste dépit.
Mais quel sens peut avoir un mot qu'il vous a dit;
Qu'un promt évenement peut changer sa fortune?

LEONORE.

Ah! Ne te donne point une gêne importune.
Quand la nécessité raméne ma raison,
Cesse de retarder encor ma guérison.
C'est assez .... Va chercher l'épouse de Géronte.
De tout ce qui se passe, il faut lui rendre compte.
Pour ne plus voir Damon, qui part dans un moment;
Je vais me renfermer dans mon appartement.

SCENE VIII.

FRONTIN, NERINE.

FRONTIN, *tenant un paquet de papiers.*

AH ! Te voilà, Nerine ! Enseignes-moi mon maître.

NERINE.

Il faut que je t'étrangle. Approche, double traître.
Ton maître est marié, tu m'en fais un secret ?

FRONTIN.

Si j'en sçai rien, je veux être étranglé tout net.
Mon maître est un sournois comme on n'en trouve guéres :
Oüi, je crois que le diable est son homme d'affaires.
Je le trouvai jadis en pays étranger :
Il n'a, depuis ce tems, cessé de voyager.
Ce n'est que depuis peu que nous sommes en France.
Il n'a fait, que je sçache, aucune connoissance ;
Si ce n'est chez Géronte, où tu sçais bien comment
Il n'a pu refuser de prendre un logement.
Oh ! S'il est marié, ce que je ne puis croire,
Ce n'est pas de mon bail : C'est quelque vieille histoire....
Bon ! Il n'a point de femme appartenante à lui;
Par tout il a roulé sur le compte d'autrui.

NERINE.

C'est un fait. D'où viens-tu?

FRONTIN.

Je viens, à toute outrance,
De chez cet avocat ici près en vacance :
J'y vais dix fois pour une, & toujours sans succès;
Mais à la fin...

NERINE.

Ton maître a-t-il quelque procès?

FRONTIN.

Ma foi, je ne sçai point quelle est leur manigance.
Le robin m'a donné ce paquet d'importance,
En me disant, „ Voilà votre maître en repos....
Mais, à quoi rêves-tu?

NERINE.

C'est à certains propos....
Pourrois-tu deviner ce que ce papier chante?

FRONTIN.

Oüi, si j'étois sorcier. Ah! L'enquête plaisante!

NERINE.

Ah! Tu n'es bon à rien. Va-t'en, sans différer.
(*seule.*)
Je ne sçai pas pourquoi j'ose encore espérer.

Fin du premier Acte.

ACTE II.

SCENE PREMIERE.

LEONORE, NERINE.

LEONORE.

DAmon est-il parti ?

NERINE.

Sans doute qu'il doit l'être;

LEONORE.

Orphise ne vient point ?

NERINE.

C'est qu'elle sçait peut-être
Tout ce que vous avez à lui dire. En tout cas ....
La voilà justement.

LEONORE.

Ne m'abandonne pas.

SCENE II.

ORPHISE, LEONORE, NERINE.

ORPHISE, *à Leonore.*

MAdame, en verité, vous êtes admirable,
Une personne unique, une femme adorable.

LEONORE.

Des noms aussi flateurs ne me conviennent point :
Et vous me surprenez, Madame, au dernier point.

ORPHISE.

Damon nous reste enfin, grace à votre entremise :
Si je le sçais déja, n'en soyez pas surprise.

LEONORE.

Madame, excusez-moi.....

ORPHISE.

Ses gens l'ont dit aux miens;
Les valets sçavent tout; c'est d'eux que je le tiens.
Vous me voyez sensible, on ne peut davantage.
Allons, Madame, il faut achever votre ouvrage.

LEONORE.

Mon ouvrage?

ORPHISE.

Quoi donc?

LEONORE.

Je n'y prends point de part.

ORPHISE.

Mais ne venez-vous pas d'empêcher son départ ?

LEONORE.

Il vous plaît de le croire.

ORPHISE.

Et de plus, j'en suis sûre.

LEONORE.

Madame, il n'en est rien.

ORPHISE.

Comment ?

LEONORE.

Non, je vous jure.

ORPHISE.

Damon reste pourtant ; ses ordres sont donnés.

LEONORE.

Cela peut-être vrai ; mais vous me l'apprenez.

ORPHISE.

Quoi, véritablement ?

LEONORE.

Je vous le certifie :

Je n'ai parlé de rien.

ORPHISE.

J'en ai l'ame ravie.

Vous n'avez point écrit ?

LEONORE.

Encore moins.

ORPHISE.

Tant mieux.

Je connois le motif qui l'attache en ces lieux.
Ma fille, j'en suis sûre, en a tout le mérite.
Damon ne peut quitter un séjour qu'elle habite.
Pour vous, Madame, à qui cette affaire déplait,
Il faut vous dispenser d'y prendre d'intérêt.
Oüi, je n'ignore pas qu'une femme à votre âge,
N'aime guéres à joüer un second personnage.
Elle voudroit que tout lui devint personnel;
Etre l'unique but, l'objet perpetuel
Où tendent tous les cœurs, les yeux & les oreilles;
Plaire, à l'exclusion de toutes ses pareilles;
N'en reconnoître aucune, & dominer par tout.
A votre âge, Madame, on est fort de ce goût.

LEONORE.

Oüi, je sçai qu'une femme aime un peu trop à plaire;
C'est de l'âge où je suis la foiblesse ordinaire.
Dans l'arriére-saison on ne fait qu'en changer;
Du monde qui nous quitte on cherche à se venger;
Du plaisir qui nous fuit, des défauts qu'on regrette,
Ausquels on voudroit bien être encore sujette.
Alors, par désespoir & par nécessité,
On se masque; l'on prend un air d'autorité;
On se croit vertueuse en voulant le paroitre,
Tandis qu'au fond du cœur on néglige de l'être;
Qu'au contraire on se fait un plaisir inhumain
De nourrir son orgüeil aux dépens du prochain.
L'esprit de charité paroît une foiblesse;
Et la mauvaise humeur prend le nom de sagesse.

Ainsi chaque âge apporte un travers différent.
On échange un défaut contre un autre plus grand ;
Et l'on corrige un vice avec un autre vice.
Mais je veux vous forcer à me rendre justice.
Un mot vous suffira, pour voir quel intérêt
Je dois prendre à Damon.

ORPHISE.

Voyons donc ce que c'est.

LEONORE.

Apprenez que Damon ne peut être à Julie.

ORPHISE.

Qui l'en empêchera ? Pourquoi donc, je vous prie ?

LEONORE.

Par un hymen, secret il se trouve lié.

ORPHISE.

Bon ! Que me dites-vous ? Le traitre est marié ?

LEONORE.

En secret.

ORPHISE.

Avec vous ?

LEONORE.

Non, je vous en assûre ;
Ainsi, vous voyez bien que c'est me faire injure.

ORPHISE.

Ah ! L'énigme est assez facile à deviner.
Damon devoit cesser de nous importuner.
Il n'est point retenu par moi, ni par Julie ;
Et cependant il reste.

LEONORE.

Ah! Quelle calomnie!

SCENE III.

LEONORE, NERINE.

LEONORE.

JE n'y sçaurois tenir; je suis au désespoir.
Quel trait injurieux! En est-il un plus noir?
Il reste; je l'ignore; & l'on m'en fait un crime:
Mon repos, mon honneur, tout en est la victime.

NERINE.

Vous connoissez Orphise, & sa malignité.

LEONORE.

Eh! Pouvois-je m'attendre à cette indignité,
Et qu'on m'imputeroit la derniere bassesse?
Nerine, quelle horreur! On me croit la maîtresse
D'un homme marié?

NERINE.

Ce trait est inoüi;
Une prude jamais n'a bien pensé d'autrui.

LEONORE.

Que vais-je devenir? Le bruit va s'en répandre,
Orphise va le dire à qui voudra l'entendre.

NERINE.

Et l'on n'en croira rien.

LEONORE.

Ah ! Quelle eſt ton erreur !
C'eſt aſſez qu'une hiſtoire attaque notre honneur,
Elle paſſe auſſi-tôt pour être véritable.
Tout ce qui peut nous nuire, ou nous perdre, eſt croyable,
On n'examine rien ; & la crédulité
Va toujours contre nous juſqu'à l'abſurdité.

NERINE.

Je ne m'étonne plus ſi tant d'infortunées
Se plaignent, tous les jours, d'être à tort condamnées ;
Je vois bien à préſent qu'une femme d'honneur,
Avec ſon innocence, a beſoin de bonheur.

LEONORE *avec vivacité.*

Dis-moi la vérité. Ne m'as-tu point trahie ?

NERINE.

Moi, vous trahir, Madame ? En quoi, je vous ſupplie ?

LEONORE.

Damon devoit partir. J'ai reçu ſes adieux :
Cependant il s'obſtine à reſter en ces lieux.
N'aurois-tu point parlé ?

NERINE.

Nullement, je vous jure.

LEONORE.

Je ne ſçai que penſer ; je ne ſcai que conclure.
Me ſerois-je oubliée ?... Auroit-il deviné ?...
Di-moi par quel motif il s'eſt déterminé ?
Après tant de reſpect, d'où lui vient tant d'audace ?

Il faut donc m'éloigner ; il faut que je me chasse.
Mais il devinera que c'est lui que je fuis.
Il me suivra par tout, puisqu'il reste où je suis.
Va le trouver. Di-lui ; .... Non, il vaut mieux écrire;
On ne dit par écrit que ce que l'on veut dire ;
Et, toi, tu lui feras remettre mon billet.

NERINE.

Allez.

SCENE IV.

NERINE *seule.*

JE vais tâcher de trouver son valet.
S'il est intelligent, il me pourroit instruire
D'où vient ce changement, & qui peut le produire.

SCENE V.

DAMON *seul, & tenant des papiers.*

FAisons cesser enfin le bruit de mon trépas.
Mon ennemi s'appaise après tant de débats.
Celle, à qui mon malheur avoit uni ma vie,
Se porte à dénoüer la chaîne qui nous lie ;
Du moins on se fait fort de lui faire agréer
Ce projet, que ses gens viennent de m'envoyer.
J'ai donné ma parole ; on répond de la sienne.

Ainsi, dans quelque endroit que ma femme se tienne,
Nous nous verrons bientôt, pour ne nous plus revoir.
Mes amis en secret m'ont donné cet espoir.
Qu'il m'est doux de briser une odieuse chaîne!
Je tiens notre rupture infaillible & prochaine;
Il ne nous manque plus qu'une formalité
Pour achever enfin notre félicité.
En attendant, cessons une feinte importune:
Allons à Leonore annoncer ma fortune.
Avant que je lui dise & mon nom & mon rang,
Pénétrons dans son cœur. C'est d'où mon sort dépend.
Voyons si mon amour...... Mais j'apperçois Nerine.

SCENE VI.

DAMON, NERINE.

DAMON.

Peut-on voir Leonore?

NERINE.

Ah! Monsieur, j'imagine
Que vous rêvez.

DAMON.

Je veux lui parler un moment.

NERINE.

Vous me faites frémir d'y penser seulement.

DAMON.

Il faut que je la voye.

NERINE.

Ah! Je vous crois trop sage

Pour oser à ses yeux vous offrir davantage.
Votre présence ici cause assez d'embarras.

DAMON.

De grace, annonce-moi.

NERINE.

Je ne le ferai pas.

DAMON.

Que je lui dise un mot.

NERINE.

Cela n'est pas possible.

DAMON.

Il m'est de conséquence.

(Il jette sa bague à terre.)

NERINE.

Elle n'est pas visible.

En vérité, Monsieur, je ne vous comprends pas . . . .
Que cherchez-vous ?

DAMON.

Ma bague.

NERINE *cherchant la bague.*

Ah! Je la vois là-bas,

Ou je suis bien trompée : oüi, justement c'est elle.

[Elle ramasse la Bague]

C'eût été grand dommage; elle est vraiment fort belle.

[Elle la rend à Damon.]

DAMON *refusant la bague.*

Elle est en bonnes mains ; &, puisqu'elle te plaît,
Profite du présent que le hazard te fait.

NERINE.

Moi, que je la garde ?

DAMON.

Oui. C'est une bagatelle.
Nerine, je voudrois qu'elle eût été plus belle.
Ce n'est qu'un foible essai du bien que je te veux.

NERINE.

Voilà ce qui s'appelle un homme dangereux.
On ne sçauroit prévoir des tours de cette espéce.

DAMON.

Puisqu'on ne peut parler à ta belle maîtresse,
Tu lui donneras bien un billet de ma part.

NERINE.

Voilà donc l'encloüeure ! Allons, à tout hazard.
L'avez-vous ce billet ? Il faut que je m'acquite.

DAMON.

Je cours te le chercher ; je reviens au plus vite.

SCENE VII.

NERINE *seule.*

JE ne sçais, à présent que j'ai le diamant,
Je vois que je me suis oubliée un moment.
Réfléchissons un peu sur mon étourderie.
Je devois refuser cette galanterie.
Mon petit intérêt m'a fait illusion.
C'est la premiere fois.... Maudite occasion!
Tu sçais apprivoiser l'honneur le plus sauvage;
Tu ménes où tu veux la fille la plus sage.
Sans toi, l'on pourroit l'être avec facilité.
Je ne me croyois pas tant de fragilité.
Cependant, si je rends la bague que j'ai prise,
Je répare une faute avec une sottise.
Damon ne voudra pas reprendre son présent:
Au contraire, il croira qu'il n'est pas suffisant.
Il sera généreux; je voudrai me défendre;
Il ne démordra pas; je finirai par prendre.
Voilà pour cet article. Autre réfléxion.
Mais comment m'acquiter de ma commission?

SCENE VIII.

LEONORE, DAMON, *tenant chacun une lettre à la main.*

NERINE.

LEONORE *sortant d'un côté.*

(*à Nerine.*)

Tiens, fais rendre à Damon....

DAMON *sortant de l'autre côté.*

(*à Nerine.*)

Tiens, donne à ta maîtresse...

NERINE *au milieu d'eux, & croisant les bras.*

Donnez, je remettrai chacune à son adresse.

LEONORE *avec étonnement.*

Damon!

DAMON.

Madame avoit quelque ordre à me donner?

LEONORE.

Vous le deviez attendre; & je dois m'étonner
De n'avoir pas reçu cette marque d'estime.

DAMON.

Une raison heureuse, où du moins légitime,
Dont je vais vous instruire.....

LEONORE.

Epargnez-vous le soin
D'un éclairciſſement, dont je n'ai pas beſoin.
Nous nous devons toujours éviter l'un & l'autre.
J'ai ma raiſon. Souffrez que j'ignore la vôtre.
Partez, Monſieur, partez; & ceſſons de nous voir;
Que ce ſoit par égard, ſi ce n'eſt par devoir.
C'eſt pour vous en prier que j'oſe vous écrire.

DAMON.

Mais....

LEONORE.

Vous ne devez plus avoir rien à me dire.

DAMON.

Ah! Madame....

LEONORE.

Damon oſe me retenir?

DAMON.

Apprenez donc mon crime, avant de me punir.

LEONORE.

J'ai lieu de m'offenſer de votre réſiſtance.

DAMON.

Il eſt vrai. Pardonnez cette derniere inſtance.
Il y va de mes jours. Permettez en partant
Qu'on vous diſe un ſecret, qui peut m'être important.

LEONORE.

Je ne veux rien ſçavoir...

DAMON.

Hélas! Daignez m'entendre.

Enfin, je puis céder à l'amour le plus tendre.
Ces soupirs, si long-tems retenus dans mon cœur,
Peuvent enfin paroître aux yeux de mon vainqueur;
Moins je l'offense, & plus je ressens que je l'aime.
Je n'ai plus désormais que sa rigueur extrême....

NERINE.

Votre épouse n'est plus?

DAMON *à Leonore.*

Ah! Ce titre si doux
Auroit dû ne jamais appartenir qu'à vous.
Celle qui le portoit n'a point perdu la vie.
Nous cédons l'un & l'autre à notre antipathie;
Et ces nœuds que l'hymen avoit désavoüés,
Sont d'un commun accord entre nous dénoüés.

LEONORE.

Quoi? Vous vous séparez?

DAMON.

Une heureuse rupture
Nous dégage tous deux d'une chaîne trop dure.
Nos sermens étoient nuls, ils ont été forcés;
Notre bouche à regret les avoit prononcés.
Nos cœurs ont réclamé contre la tyrannie
De ceux à qui le ciel nous fit devoir la vie.
La loi me restituë & ma main & mon cœur.
Nous pouvons tous les deux nous choisir un vainqueur.
Hélas! Mon choix est fait; & vous devez m'entendre.

LEONORE.

C'eſt donc-là ce ſecret que vous vouliez m'apprendre?
Et vous croyez, Monſieur, qu'il doit m'intéreſſer?

DAMON.

Quoi donc? Ce foible eſpoir peut-il vous offenſer?

LEONORE.

Malgré tous ces détours où votre eſprit s'efforce;
Ce que vous m'annoncez eſt toujours un divorce.
Oui, tel que ſoit le nom dont vous les colorez,
C'eſt votre épouſe enfin que vous deshonorez.
Vous prétendez, Monſieur, me rendre la complice.
D'un coupable abandon fondé ſur un caprice.
C'eſt vous qui l'éxigez. Peut-elle y conſentir?
Je ſens le déſeſpoir qu'elle doit reſſentir
D'un ſi terrible affront. Je me mets à ſa place.
Pour elle enfin, Monſieur, je vous demande grace.
Si vous n'aimiez ailleurs.... Ah! N'en eſpérez rien,
Elle m'accuſeroit... Votre cœur eſt ſon bien.
Loin de favoriſer cette indigne rupture,
Je ne puis profiter de ſa triſte avanture.

DAMON.

N'appellez point divorce un accommodement.
Quand je conſens à rompre un faux engagement,
Une chaîne, à tous deux également cruelle,
Ce n'eſt point un affront; c'eſt un bonheur pour elle.
Vous n'avez jamais ſçu, vous n'éprouverez point
Que le plus grand malheur eſt celui d'être joint
Au déplorable objet d'une haine invincible.

LEONORE *à part.*

Quelle conformité !

DAMON.

Soyez-y donc sensible:
Quand vous refuseriez de vous rendre à mes vœux,
Nous ne romprons pas moins nos liens rigoureux.
Ma femme n'eut pour moi qu'une haine mortelle ;
C'est ce que vous avez de commun avec elle.

LEONORE.

Dites-moi donc comment elle a pû vous haïr?

DAMON.

Vous me haïssez bien.

LEONORE.

Ah ! Laissez-moi vous fuir;
Oublions-nous tous deux.

DAMON.

Moi, que je vous oublie !
Vous, sur qui je fondois le bonheur de ma vie,
Qui seule avez trouvé le secret d'enflammer
Un cœur que je croyois incapable d'aimer,
Dont vous allez causer l'éternelle souffrance !
Perd-on le souvenir, en perdant l'espérance ?
Ce n'est qu'en expirant d'amour & de douleur,
Que je puis oublier l'auteur de mon malheur.
Vous l'apprendrez bientôt, c'est l'espoir qui me reste.

LEONORE.

N'ajoutez pas encore à mon état funeste
Cet affreux désespoir.

DAMON.

C'est vous qui le causez;
Ces frivoles raisons que vous me proposez,
Qu'invente contre moi votre délicatesse,
Ne l'emporteroient pas sur la moindre tendresse;
De votre aversion, c'est le plus sûr garant.

LEONORE.

Restez dans votre erreur, & vivez seulement.

DAMON.

Ah! Puis-jeinterprêter ce que je viens d'entendre?
Est-ce pitié? Seroit-ce un sentiment plus tendre?
[*Il se jette aux genoux de Leonore.*]
Leonore, achevez.

LEONORE.

Damon....

DAMON.

Eclaircissez....

LEONORE.

Que vois-je! Orphise? Adieu; fuyez, disparoissez.

SCENE

SCENE IX.

LEONORE, ORPHISE, NERINE.

NERINE.

(*bas à Leonore.*)
Ferme, tenez-vous bien.

ORPHISE.

Ce que j'ai vû m'enchante !

NERINE.

Quoi donc ?

ORPHISE.

En vérité, l'attitude est touchante.
Je venois vous marquer que j'avois du regret
D'avoir conçu peut-être un soupçon indiscret.
L'excuse n'a plus lieu.

LEONORE.

Pardonnez-moi, Madame.

ORPHISE.

Vous souffrez que Damon vous parle de sa flâme?

LEONORE.

Je fais plus ; car je l'aime,

ORPHISE,

Avez-vous oublié
Que Damon par malheur est déja marié ?
Pour vous, apparemment, c'est une bagatelle ;
Ou bien vous m'avez dit une fausse nouvelle.

LEONORE.

Elle étoit vraye alors : mais tout est bien changé.
D'un malheureux hymen Damon est dégagé.
On va briser sa chaîne ; il me l'a dit lui-même.
Voilà ce qui me fait avoüer que je l'aime :
Car je dois avec vous bannir un vain détour.
Toutefois à Damon j'ai caché mon amour.
Je le crois ; ou du moins je cherche à me séduire.
Mais, Madame, en tout cas, vous pouvez l'en instruire.

ORPHISE.

On va briser ses fers ?

LEONORE.

Ils vont être rompus.

ORPHISE.

Madame, il devient libre, & vous ne l'êtes plus.

LEONORE.

Oüi, je n'en rougis point ; je chéris ma défaite ;
Je perds ma liberté, sans que je la regrette ;
J'ai rencontré l'objet que je devois aimer.
Un mutuel amour a sçu nous enflammer.
C'est une sympathie invincible, absoluë,
Que j'ai d'abord sentie à la premiere vûë.
Si le même rapport n'eût agi dans son cœur,
Jamais je n'aurois pû survivre à ce malheur.

ORPHISE.

Vous survivrez, Madame, à de plus grandes peines.
La mort de votre époux n'a point brisé vos chaines :
Il est encor vivant.

LEONORE.

Mon époux est vivant !

ORPHISE.

Oüi. C'est ce que Géronte a dit en arrivant :
Il va vous confirmer cette heureuse nouvelle.
Il étoit tems.

LEONORE.

Il vit, & je suis infidéle !
Grand Dieu! Dans quelle horreur me précipitez-vous?

ORPHISE.

Est-ce un si grand malheur de revoir un époux ?

LEONORE.

Ah ! Vous n'ignorez pas quelle est l'antipathie,
Que m'inspira l'époux à qui je fus unie.
L'un & l'autre aux autels nous fûmes entraînés ;
L'un à l'autre à regret nous fûmes enchaînés.

ORPHISE.

Une fille aisément se prévient, & s'entête ;
Et veut mal à propos se choisir sa conquête.
Je subis, à votre âge, un hymen plus fâcheux :
J'en ai fait un second plus conforme à mes vœux :
Eh bien, je vous dirai qu'ils reviennent au même.

LEONORE.

Hélas ! Pour éviter une infortune extrême,
A quel triste moyen n'ai-je pas eu recours ?
Que ne me laissoit-on finir mes tristes jours ?
J'avois passé douze ans ignorée & tranquille ;
Devois-je consentir à quitter mon azyle,

Pour venir retrouver celui que je fuïois?
Sainflore n'étoit plus ; du moins je le croyois;
Il ne m'en resta pas la moindre incertitude.
C'est-là ce qui me fit quitter ma solitude.
J'ai cru renaître. Hélas! Je n'avois point vécu.
Le plus beau de ma vie avoit été perdu;
Et l'amour en devoit empoisonner le reste.
Damon vint dans ces lieux. C'est l'époque funeste
Du plus grand de mes maux. Mon cœur en fut blessé.
Je crus pouvoir aimer. Mon cœur s'est trop pressé.

ORPHISE.

Il faudra bien éteindre une flâme importune.
Et, d'ailleurs, quelle est donc cette grande infortune?

LEONORE.

C'est d'avoir cru pouvoir disposer de mon cœur.
Mais enfin, sous ce nom, qu'au moins pour mon bonheur
Votre époux a voulu que je gardasse encore,
Je peux fuïr à jamais un époux qui m'abhorre.
De quel front à présent paroîtrois-je à ses yeux?
Pourrois-je soutenir le reproche odieux
Dont il accableroit une épouse infidéle,
Que peut-être il voudroit retrouver criminelle?

ORPHISE.

C'est la sujettion du sexe infortuné
De périr sous le joug quand il est enchaîné.
Abandonnez enfin le nom de Leonore.
La feinte vous rendroit plus criminelle encore;

Allez, Silvie, allez, retrouver votre époux:
Vous vous inſpirerez des ſentimens plus doux.
Auſſi-bien que l'amour, l'averſion s'épuiſe.
D'autre reſſource enfin ne vous eſt plus permiſe.

LEONORE.

On connoît ſon erreur ſans pouvoir en guérir.
Adieu. Je pars, je fuis; & je vais en mourir.

SCENE X.

GERONTE, ORPHISE.

GERONTE.

LEonore eſt en pleurs? D'où vient qu'elle m'évite?

ORPHISE.

C'eſt vous, Monſieur Géronte? Où courez-vous ſi vite?

GERONTE.

Je dois à Léonore un petit compliment;
Je vais m'en acquiter.

ORPHISE.

Eh! De grace, un moment.

GERONTE.

A votre appartement, je me ſuis fait écrire.
Si vos gens ſont exacts, ils pourront vous le dire.

ORPHISE.

Certes, pour un époux l'accüeil eſt très-galant;

Après un mois d'absence, il est fort consolant.

GERONTE.

Nous nous retrouverons; & plûtôt dix fois qu'une.
Ne nous imposons point une gêne importune,
Ni ces empressemens follement amoureux,
Ridicules à l'âge où nous sommes tous deux.

ORPHISE.

Monsieur, parlez du vôtre.

GERONTE.

Oüi, dans l'âge où nous sommes,
Vous croyez que le tems ne vieillit que les hommes ?

ORPHISE.

Autrefois....

GERONTE.

Est passé, pour ne plus revenir.

ORPHISE.

Et vous anticipez toujours sur l'avenir.
Monsieur, entendons-nous une fois dans la vie.

GERONTE.

C'est quand vous le voudrez.

ORPHISE.

Au sujet de Silvie....

GERONTE.

Eh! Madame, pourquoi l'appeller de ce nom ?
Vous avez toujours eu cette démangeaison.

ORPHISE.

Monsieur, c'est que jamais je n'aimai le mystére.

GERONTE.

Vous sçavez cependant qu'il étoit nécessaire,
De peur d'effaroucher des gens intéressés
Entre qui tous ses biens se trouvoient dispersés :
Mais c'étoit un secret, & la charge est pesante.

ORPHISE.

L'apostrophe est commune, & même déplaisante.

GERONTE.

Tout va bien.

ORPHISE.

Son époux est vivant ?

GERONTE.

Ah ! D'accord.
Oüi, cet homme prétend n'avoir pas été mort :
Il revient, c'est à quoi je ne m'attendois guéres.
Les gens qu'il a chargé du soin de ses affaires,
Ont arrêté les miens, quand j'allois terminer :
Mais d'une autre façon j'ai sçû me retourner,
Sans paroître autrement, que par mes émissaires,
J'ai pris les sûretés qui m'étoient nécessaires.
Leonore, en tout cas, n'y participe en rien.
C'est dequoi nous allons avoir un entretien ;
Car elle ne sçait pas ce que j'ai fait pour elle.

ORPHISE.

En vérité, j'ai plaint sa fortune cruelle.

GERONTE.

Tant mieux.

ORPHISE.

Mais cependant, pour certaine raison,
Il faudra, qu'elle ou moi, sortions de la maison.

GERONTE.

Parbleu, l'alternative est toujours quelque chose.
Pourquoi donc, s'il vous plaît ?

ORPHISE.

C'est que je me propose
De marier.....

GERONTE.

Ah, ah !

ORPHISE.

Ma fille avec Damon,

GERONTE.

Oüi-dà, ce parti-là pourroit être assez bon.
Mais, pour cela, faut-il que je chasse ma niéce?

ORPHISE.

C'est qu'en un mot ici sa présence me blesse.
Je n'en dirai pas plus, ni d'elle, ni de lui.
Suffit. Je n'aime point á parler mal d'autrui.

GERONTE.

J'entends à demi-mot.

ORPHISE.

Dispofez votre niéce
'A suivre son époux. J'y compte. Je vous laisse.
Arrangez-vous ensemble ; & faites pour le mieux,

SCENE XI.

GERONTE *seul.*]

LEs femmes ont toujours des projets merveilleux.
Ma niéce n'aura point regret à mon voyage.
D'abord, j'ai retiré tous ses biens du pillage.
Son époux, il est vrai, n'est pas mort. Cependant
Je n'en suis pas la cause; & c'est un accident
Qui n'interrompra guére, ou très-peu son veuvage;
Puisqu'il veut bien laisser casser son mariage.
Allons la préparer à cet évenement.
Elle n'espére pas un si bon dénoüement.

Fin du second Acte.

ACTE III.

SCENE PREMIERE.

ORPHISE *seule.*

SCachons ce que Géronte aura fait chez sa niéce.
S'il aime un peu ma fille, en cas qu'il s'intéresse
A son hymen, il peut me servir à mon gré.
Damon est gentilhomme; il est même titré....

SCENE II.

GERONTE, ORPHISE.

GERONTE *sortant de chez Leonore.*

LA femme est une espéce à qui rien ne ressemble;
C'est tout bien, ou tout mal; & tous les deux ensemble.
Est-elle vertueuse, elle l'est à l'excès.
Sa sagesse devient un véritable accès,
La modération lui paroît insipide;
C'est toujours à l'extréme où son panchant la guide,
Ses moindres mouvemens sont des convulsions,
La vertu, dans son cœur, se change en passions,

Dégénére en faux zéle, & devient fanatique.

ORPHISE.

Ah! Vous voilà, Monsieur, dans votre humeur critique.

GERONTE.

Ne vous chagrinez pas d'un portrait si flaté.
Une femme, à tout âge, est un enfant gâté.

ORPHISE.

Le mépris pour le sexe est un air qu'on se donne,
Qui n'est, en vérité, convenable à personne.

GERONTE.

Madame, je suis juste, & sans prévention.
J'avois fait jusqu'ici certaine exception....

ORPHISE.

Peut-on sçavoir combien vous en exceptiez?

GERONTE.

Une.
Et c'étoit encor trop.

ORPHISE.

Pour nous, quelle fortune!

GERONTE.

C'est Silvie. Ah! Morbleu, je me trompe de nom.
Son caprice imprévû me trouble la raison.
Diable! Je ne sçai plus ce que je voulois dire.
J'exceptois Leonore; & cela vous fait rire.

ORPHISE *riant.*

C'est votre niéce, à qui vous faisiez cet honneur?

GERONTE.

Leonore, elle-même.

ORPHISE.

Elle a bien du bonheur.

GERONTE.

Oüi d'avoir du mérite.

ORPHISE.

Autant que de sagesse.

GERONTE.

Que trop. Et c'est en elle un excès qui me blesse,
Un travers véritable, un faux rafinement,
Fondé sur le scrupule, & sur l'entêtement.
Je m'en vais préparer Damon à sa disgrace.

ORPHISE.

Bon ! Je l'ai prévenu de tout ce qui se passe.

GERONTE.

Déja ? Mais vous l'avez accablé de douleurs ?

ORPHISE.

Il falloit, tôt ou tard, qu'il apprît ses malheurs.
Plûtôt on les apprend, plûtôt on s'en console.

GERONTE.

J'espére cependant....

ORPHISE.

Espérance frivole.

GERONTE.

Peut-être que Damon que j'ai fait avertir,
Aura plus de crédit....

ORPHISE.

Eh ! Laissez la partir.

Elle est mariée . . . .

GERONTE.

Oui.

ORPHISE.

L'affaire est terminée.

GERONTE.

Point du tout. Si ma niéce étoit moins obstinée,
Elle pourroit . . . .

ORPHISE.

Aller retrouver son époux.

SCENE III.

GERONTE, ORPHISE, DAMON.

GERONTE *à Damon.*

Venez, Monsieur, venez vous unir avec nous.
La pauvre Leonore.... Elle se croyoit veuve ;
Eh bien, il n'en est rien ; nous en avons la preuve.
Mais de son esclavage on pourroit l'affranchir.
Peut-être mieux que moi vous pourrez la fléchir.
Un mot de ce qu'on aime a toute une autre force.

ORPHISE.

Quoi ? Vous voulez, Monsieur, la porter au divorce ?

GERONTE.

Déterminez un cœur fortement combattu,

Ne l'abandonnez pas à sa triste vertu.
Car je n'ignore plus qu'elle vous intéresse.
Vous l'aimez ?

DAMON.

Je l'adore. A quoi sert ma tendresse ?

ORPHISE.

(*à Geronte.*)
Ce sont là de vos tours. Vous servez en ami.

GERONTE.

Ma foi, sans le sçavoir, je travaillois pour lui.
Quand ma niéce peut rompre une chaine cruelle,
Elle n'approuve plus ce que j'ai fait pour elle.
Sous main, depuis un mois, j'ai mis l'affaire en train;
Mais le diable jaloux, ou l'esprit feminin,
Ne veulent pas permettre une union si belle.

ORPHISE.

On s'en consolera. Modérez votre zéle.

DAMON.

Je m'en consolerai ?

ORPHISE.

Vous serez dans le cas.

DAMON.

Jamais ; & j'en mourrai.

ORPHISE.

Non, vous n'en mourrez pas.

GERONTE.

Eh! Madame, tâchez d'être un peu plus tranquille,

ORPHISE.

Vous, donnez un conseil plus sage & plus utile.

GERONTE.

Jettez-vous à ses piéds.

ORPHISE.

Ne la voyez jamais.

GERONTE.

Employez les soupirs.

ORPHISE.

Oubliez ses attraits.

GERONTE.

Allez.

ORPHISE.

Quoi? Voulez-vous déshonorer Silvie?

DAMON.

Moi, la déshonorer? En quoi, je vous supplie?
Ah! Silvie auroit tort de se plaindre de moi.
Je fais ce qu'elle veut; & je lui rends sa foi.
Elle a fait trop long-tems le malheur de ma vie.
Quand on ne s'aime point, aisément on s'oublie.

GERONTE.

Quand on ne s'aime point?

ORPHISE.

Pour le coup, je m'y perds.

DAMON.

On cherche volontiers à sortir de ses fers.

ORPHISE.

Ceci ne laisse pas d'être incompréhensible.

Pour qui donc votre cœur étoit-il si sensible ?
Leonore n'est point l'objet de vos amours ?

DAMON.

Leonore est l'objet que j'aimerai toujours.

ORPHISE.

Nous extravagons tous.

GERONTE.

Je m'en doutois, Madame.
Ma niéce est cependant l'objet qui vous enflamme ?
L'équivoque des noms a pû nous embroüiller ;
Mais l'histoire en seroit trop longue à détailler.

DAMON *à part.*

Mon secret doit ici n'être sçu de personne.
Ce nom m'a fait frémir ; & ce rapport m'étonne.

GERONTE.

C'est peut-être le nom de certaine beauté,
Qui vous a fait, sans doute, une infidélité.

SCENE IV.

GERONTE, ORPHISE, DAMON, LEONORE, NERINE.

LEONORE.

MAdame, à vos avis je rends plus de justice.
Vous arrêtez mes pas au bord du précipice.
Victime d'un panchant devenu criminel,
J'allois m'envelopper d'un opprobre éternel ;
J'allois me dérober au pouvoir légitime

D'un époux, qu'on ne peut abandonner sans crime.

GERONTE.

Ma niéce, en vérité, tous ces grands sentimens
Sont des inventions pour orner des romans.

ORPHISE.

La morale est légére, & ce n'est pas la mienne.
Monsieur, que voulez-vous que madame devienne?

GERONTE.

Heureuse, apparemment.

ORPHISE.

Eh! Le moyen?

GERONTE.

Est sûr.

ORPHISE.

Quoi! Faudra-t-il qu'au fond de quelque azyle obscur
Elle aille ensevelir une épouse craintive,
Ou mener une vie errante & fugitive?

LEONORE.

C'est un dessein coupable; & je n'y pense plus.
Je reprends des liens que je croyois rompus.
Il m'en coûtera cher... Que dis-je, malheureuse?
Mais la nécessité me rendra vertueuse.
J'ai gagné sur mon cœur, ou du moins je le crois...
[*Appercevant Damon.*]
Ah, rencontre cruelle! Et qu'est-ce que je vois?

DAMON.

C'est un infortuné, qui n'a plus guére à vivre.

LEONORE.

Je vous l'ai dit, vivez ; mais cessez de me suivre.

DAMON.

Eh ! Le puis-je ? C'est vous qui voulez mon trépas.

LEONORE.

Ah ! Ne m'engagez point à de nouveaux combats.
Mon cœur n'a pas besoin d'une épreuve cruelle.

DAMON.

Hélas ! Que craignez-vous ? A quoi serviroit-elle ?

LEONORE.

A vous faire haïr, à me désespérer.
C'est me persécuter, c'est me déshonorer,
Que d'exposer encor mon cœur à se défendre.
Ce sont de vains regrets que je ne puis entendre.
Vous avez un rival qui n'en doit point avoir.
Je vais le retrouver, & remplir mon devoir.

DAMON.

Vous l'étendez plus loin qu'il ne devroit s'étendre.
Madame, si je crois ce qu'on m'a fait entendre,
Sans blesser ce devoir, vous pourriez recourir
A des moyens plus doux qu'on vient de vous offrir.

LEONORE.

Non, je n'ai point assez d'audace, ni de force,
Pour aller mandier un malheureux divorce.
Je n'imagine pas qu'une femme de bien,
Puisse jamais avoir recours à ce moyen.
Il faut un front d'airain pour donner ce scandale;

DAMON.

On vous excepteroit de la loi générale.

ORPHISE.

Ne vous en flatez pas.

GERONTE.

Le cas est différent.

LEONORE.

Sur l'espoir d'un succès toujours déshonorant,
Je ne risquerai point d'être timpanisée.
Le plus grand des malheurs est d'être méprisée.
Hé quoi ! Sur un prétexte absurde & mandié,
Aller de porte en porte implorer la pitié,
Y faire de sa vie un journal équivoque,
Que personne ne croit, & dont chacun se moque ;
Suborner des témoins, gagner des partisans ;
Remplir les tribunaux de ses cris indécens ;
Y faire débiter des plaintes infidéles ;
Inonder le public d'injurieux libelles ;
Ebruiter des malheurs qu'on pouvoit empêcher :
Ou qu'au moins la raison devoit faire cacher :
Je ne puis seulement soutenir cette idée.

GERONTE.

Eh, non. Rassûre-toi. Ta crainte est mal fondée.

ORPHISE.

Eh, mais, pardonnez-moi.

GERONTE.

Non. Il s'agit au plus
D'achever de briser des nœuds presque rompus,

De m'en laisser le soin ; en un mot, de reprendre
L'heureuse liberté qu'on offre de lui rendre ;
De quitter un époux.

LEONORE.

Daignez lui pardonner.
A sa discrétion, je veux m'abandonner.
Peut-être que l'absence, & son état funeste,
Auront changé son cœur ; le mien sera le reste.

GERONTE.

Erreur ! N'espérez pas de si tendres retours.

DAMON.

Vous allez exposer votre gloire, & vos jours.
Songez-vous qu'un mortel, insensible à vos larmes,
Va joüir, malgré vous, d'un bien si plein de charmes ?
Je ne vous parle point du désespoir affreux
Où vous allez jetter le cœur d'un malheureux,
Qui mourra malgré vous dans sa persévérance.
J'avois pris dans vos yeux une fausse espérance.
Je perds tout, en perdant ce bonheur apparent.
Ce que je deviendrai vous est indifférent.

LEONORE.

Ah, cruel! D'où vient donc le remords qui m'accable...
Qu'ai-je dit ? Je me rends encore plus coupable.
Ne vous promettez rien des pleurs que je répands.
Non, quand je briserois les nœuds que je reprends,
Notre hymen ne peut plus devenir legitime.
Ce seroit avoüer, & consommer mon crime.
Vous avez une épouse. Imitez-moi tous deux :

Ou, plûtôt puissiez-vous l'un & l'autre être heureux,
Je sens que tôt ou tard il faut qu'elle vous aime.

DAMON.

N'exigez pas de moi cette foiblesse extrême.
Sa haine, ou son amour ne m'intéressent plus.
Ne consent-elle pas que nos fers soient rompus?

LEONORE.

C'est vous qui le voulez.

DAMON.

Y consentiroit-elle,
Si ce n'étoit pour prendre une chaîne nouvelle?
Je n'eus jamais son cœur; elle a repris sa foi.

LEONORE.

Arrêtez. On pourroit en dire autant de moi.
C'est vous qui me jugez.

GERONTE.

Quelle bizarrerie!

ORPHISE.

Oh! Vous traitez toujours la vertu de folie.

SCENE V.

GERONTE, ORPHISE, DAMON, LEONORE,
NERINE, FRONTIN.

FRONTIN *à Damon.*

Vos gens & vos chevaux, tout est prêt pour aller...

GERONTE.

Eh! Ventrebleu, va-t-en les faire dételler,

SCENE VI. ET DERNIERE.

GERONTE, ORPHISE, DAMON, LEONORE; NERINE.

GERONTE *à Leonore.*

Pourquoi s'abandonner au torrent des ſcrupules ?
De trop grands ſentimens ſont ſouvent ridicules.
Si c'étoit un époux tel qu'eût été Damon,
Paſſe; mais ç'en eſt un qui n'en eut que le nom;
Un jeune écervellé qui laiſſe ſa compagne,
Et, pour libertiner, va battre la campagne;
Que je ne connois point; car ma ſœur, Dieu merci,
Ne conſultoit perſonne en tout, comme en ceci;
Un homme, qui n'agit que par des émiſſaires,
Et n'oſe ſe montrer que par ſes gens d'affaires;
Qui, lorſqu'on le croit mort, revient après douze ans
Pour ſe démarier.

DAMON *à part.*

Quels rapports étonnans !

LEONORE.

Reſpectez ſes malheurs.

DAMON.

Eh ! De grace, Madame....

GERONTE.

Voilà pourtant l'époux que ma Niéce réclame ?

DAMON.

Peut-on ſçavoir le nom .....

LEONORE.

Ne le ſçachez jamais.

DAMON.

Ne me refuſez pas....

LEONORE.

J'entrevois vos projets;
Et le coupable eſpoir que vous gardez encore.
Voulez-vous achever de perdre Léonore ?
Son repos, ſon honneur devroient bien vous toucher.

DAMON.

Sous ce nom étranger, ceſſez de vous cacher.
Vous vous nommez Silvie, & non pas Léonore.
Que n'êtes-vous auſſi l'épouſe de Sainflore ?

LEONORE.

(*à Damon qui ſe jette à ſes genoux.*)
Ah! Qui m'a pû trahir! .... Téméraire ! arrêtez.
Quelle horreur ! .... Laiſſez-moi....

DAMON.

Madame, permettez.....

ORPHISE.

Damon, y ſongez-vous?

NERINE.

Pour le coup, il s'oublie.

DAMON.

Je renais.... Ah! Madame.... Ah! Ma chere Silvie....

(Il donne un papier à Geronte.) *(à Leonore.)*

Tenez..... Je suis...... Voilà votre consentement :

Retrouvez un époux dans le plus tendre amant.

GERONTE.

Voyons donc.

LEONORE.

Vous, Sainflore ?

ORPHISE.

Ah, grand Dieu !

GERONTE.

C'est lui-même.

LEONORE.

O sort trop fortuné ! C'est mon époux que j'aime.

GERONTE.

La bonne antipathie ! Ah ! Gardez-là toujours,

Haïssez-vous ainsi, le reste de vos jours.

Fin de la Comédie.

LA CRITIQUE
DE
LA FAUSSE
ANTIPATHIE,
COMÉDIE.
En vers, & en un acte.

ACTEURS DE LA CRITIQUE.

MOMUS.

MELPOMENE.

THALIE.

L'IMAGINATION.

L'INTRIGUE.

DEUX GENIES.

LE DENOUEMENT.

La Scene est sur le mont Parnasse.

LA CRITIQUE DE LA FAUSSE ANTIPATHIE,

COMÉDIE.

En Vers, & en un Acte.

SCENE PREMIERE.

MOMUS *seul.*

OUF ! Respirons. Enfin j'y suis.
Voilà donc le Parnasse. O, le charmant pays !
C'est ici que l'esprit est toujours en délire,
Le bon sens à la gène, & la raison aux fers.

Ce petit coin du monde apprête plus à rire
Que le reste de l'univers.
Or sus, exécutons le projet qui m'améne ;
C'est pour raccommoder Thalie & Melpoméne.
Je suis constitué Juge en dernier ressort.
Momus, juge ! Et pourquoi m'en étonner si fort ?
Est-ce donc un emploi de si grande importance ?
Ici, tous les procès sont de ma compétance :
Un rimeur, dans son art un peu trop à l'étroit,
Ou, pour dire encor mieux, un peu trop mal adroit,
Aura mis un sens louche, une phrase nouvelle ;
Une diphtongue aura froissé quelque voyelle :
On en jette pour elle aussi-tôt les hauts cris.
On aura quelque part omis une virgule ;
Que sçais-je ? On aura pas mis les point sur les is,
Aussi-tôt cela forme un procès ridicule,
Un partage, un divorce, un grabuge enragé,
Où souvent le bon sens n'est pas trop ménagé.
Le débat d'aujourd'hui vient d'une comédie,
Que l'on nomme, je crois, la Fausse Antipathie :
Thalie & Melpoméne, en la désavoüant,
S'imputent toutes deux cet équivoque enfant.
Je vais avoir affaire à d'étranges espéces ;
Car on m'a prévenu, qu'avec ces deux déesses,
L'imagination & l'intrigue, dit-on,
Avec le dénoüement vont paroître en personne.
Ah ! Parbleu cette engeance est nouvelle & bouffonne ;

Il en naît tous les jours sur le mont-Helicon.
Ne seroit-ce point-là ces nouvelles espéces ?

SCENE II.

MOMUS, L'IMAGINATION, L'INTRIGUE.

L'IMAGINATION.

J'Interviens au procès dont il s'agit ici.

L'INTRIGUE.

Par conséquent, j'en suis aussi.

MOMUS.

Avez-vous des moyens, des titres, & des piéces ?

L'IMAGINATION.

Ah ! Si nous en avons !

MOMUS.

Voyons donc ce que c'est.
D'abord, qu'êtes-vous, s'il vous plait ?

L'IMAGINATION.

Soudaine, impétueuse, imprévûë, infinie,
Je suis l'être, la vie, & l'ame du génie.
Heureux l'esprit, en qui l'on me voit dominer !

MOMUS.

Vous le menez grand train.

L'IMAGINATION.

Je fais imaginer.
J'y mets ce feu divin, cette féconde yvresse

Qui développe, & fait valoir ses facultés :
Je l'éleve au-dessus de sa propre foiblesse,
Au-dessus de l'art même, & des difficultés.

MOMUS *à l'Intrigue.*

Et vous, mignone ! Hé bien? Quelle est votre manie ?

L'INTRIGUE.

Je fournis aux mortels l'adresse, l'industrie,
Les ressorts, la tournure, & ce manége heureux,
Qui force la fortune à seconder leurs vœux.

L'IMAGINATION.

J'enyvre les mortels des plus douces idées.
Et qu'importe, après tout, qu'elles soient mal-fondées ?
Je les promene au gré de leurs propres désirs ;
Je mesure à leur goût leur joye & leurs plaisirs.
Je fais plus. Je nourris, avec un soin extrême,
La bonne opinion que l'on a de soi-même.
Par exemple ; je fais qu'un auteur éconduit
N'impute ses revers qu'au malheur qui le suit ;
Je le rends insensible au siflet qui le berne ;
Et j'encourage encor sa verve subalterne
A braver le public justement irrité.

MOMUS.

Palsambleu, vous avez bien de la charité.
(*à l'Intrigue.*)
Et vous ?

L'INTRIGUE.

Je suis sa sœur. Si je ne l'accompagne,

Elle ne ſait ſouvent que battre la campagne.

MOMUS.

Mais quel eſt votre nom?

L'INTRIGUE.

Sans vous le décliner;
Ecoutez ſeulement, vous l'allez deviner.

MOMUS.

Voyons.

L'INTRIGUE.

Je ſers l'amour, la gloire, & la fortune;
J'accorde à qui me plaît, les graces, les emplois;
Je gouverne à mon gré cette ſoule importune
D'eſclaves attachés à la ſuite des rois:
Voilà mon centre, & c'eſt ſurtout où je m'exerce;
J'y fais mouvoir un peuple adroit, ſouple & ruſé;
Là, chacun, l'un par l'autre eſt toujours abuſé:
Tel y croit renverſer celui qui le renverſe.
Pour parvenir à tout, j'enſeigne les moyens;
J'entretiens en ſecret parmi ces citoyens
Une éternelle concurrence;
[Heureux, ſi le mérite obtient la préférence!]
J'agis pour & contre à la fois.
Le myſtére eſt ſurtout l'ame de mes exploits.
La plus fine manœuvre, & la mieux inventée,
Dès qu'elle éclate un peu, ne peut plus réüſſir;
Je m'évapore, ainſi qu'une mine éventée.

MOMUS.

Vous commencez à m'éclaircir.

C'est vous qui tracassez à la cour, à la ville,
Et qui mettez en vogue, ainsi qu'un vaudeville,
Bien des gens, qui d'ailleurs ne sont pas ce qu'on dit ?

L'INTRIGUE.

Oüi, j'en fais des héros ; cela me divertit.

MOMUS *à l'Imagination.*

Vous flatez deux amans, dont l'amour est extrême,
Qu'ils s'aimeront toujours de même ?

L'IMAGINATION.

Oüi. J'unis au présent un futur plein d'attraits.
L'imagination acquite l'espérance,
En les faisant joüir d'avance
D'un avenir heureux qui ne sera jamais.

MOMUS *à l'Intrigue.*

Pour & contre l'hymen vous tendez vos filets ?

L'INTRIGUE.

Oüi, j'aime à marier ; c'est à quoi je me plais.

MOMUS.

Bien, ou mal, il n'importe. Heureux, qui vous échape !

L'IMAGINATION.

Est-ce qu'on se marie, à moins qu'on ne s'attrape ?

MOMUS.

L'imagination sert chacun à son goût.

L'IMAGINATION.

Il est vrai, je la suis.

MOMUS.

Et l'intrigue fait tout.

L'INTRIGUE.

C'est votre humble servante.

MOMUS.

Heureux, qui vous rassemble !
Mais sur le double-mont qui vous améne ensemble ?

L'IMAGINATION.

Ah ! Vous nous demandez ce qui nous y conduit ?
Eh bien, vous avez l'air d'un juge fort instruit.

MOMUS.

A peu près comme un autre.

L'IMAGINATION.

Il faut donc vous apprendre
A quelle occasion nous venons nous y rendre.
Nous tenons toutes deux, au bas de ce valon,
Certain comptoir, ouvert aux enfans d'Apollon ;
Où, suivant ses besoins, chacun vient faire emplette
De tout ce qui convient au métier de poëte.
Pour moi, je leur fournis les titres, les projets,
Les canevas, les fonds, les plans, & les sujets :
Et tout cela, gratis.

MOMUS.

Oh ! Je m'en doute.

L'INTRIGUE.

Ensuite,
Ces messieurs ont recours à moi pour la conduite,
La distribution, l'ordre, l'agencement,
La mécanique, & la manœuvre.

L'IMAGINATION.

Puis, nous les envoyons après au dénoüement :
C'est notre frére. Il met la main derniere à l'œuvre;
Ainsi, nos gens pourvûs de ses conclusions,
Vont, avec leurs provisions,
Chercher, aux bords de l'hypocréne
Thalie, ou sa sœur Melpoméne,
Qui brochent sur le tout, & leur donnent le ton.

L'INTRIGUE.

Oüi. C'est l'ordre établi sur le mont-Hélicon.

L'IMAGINATION.

Rien ne s'y fait sans nous. C'est pourquoi l'on nous mande,
Ma sœur, mon frere & moi, pour y rendre raison.
D'une piéce de contrebande,
Que l'on a faite ici dans l'arriere-saison.

L'INTRIGUE.

Ah! Nous prouverons bien, que ni l'une ni l'autre
Nous n'avons rien fourni du nôtre.

MOMUS.

Fort bien. Le dénoüement, pourquoi n'est-il point-là?

L'IMAGINATION.

C'est un traîneur qui va toujours cahin-caha;
On ne sçait avec lui, comment il faut s'y prendre:
Tantôt il vient trop tôt, & plus souvent, trop tard;
Quand il arrive à tems, c'est bien un grand hazard.

MOMUS.

Qu'on l'améne de force.

L'IMAGINATION.

Ah! C'est fort bien l'entendre.

SCENE III.

MOMUS, MELPOMENE, THALIE, L'IMAGINATION, L'INTRIGUE.

MELPOMENE.

Quoi! C'est-là notre Juge?

MOMUS.

Oüi. J'aurai cet honneur.

(*Montrant sa marotte.*)

Et voilà votre rapporteur.

MELPOMENE.

Quand le maître des dieux seroit venu lui-même,
Il n'eût pas dérogé de sa grandeur suprême.

THALIE.

Au contraire.

MOMUS.

Sans contredit.

Jupiter auroit dû se faire bel-esprit.
J'aimerois bien à voir le maître du tonnere
Abandonner le soin du ciel & de la terre,
Pour venir en ces lieux juger d'un madrigal.

MELPOMENE.

Ce dieu, tout grand qu'il est, ne feroit pas plus mal

De dépoſer ſa foudre entre les mains des graces.

MOMUS.

Sœur tragique, ôtez vos échaſſes.
Au fait. Si vous voulez que je ſois bien inſtruit,
Croyez-moi, laiſſez-là ce pompeux verbiage,
Qui vous emplit la bouche, & ne fait que du bruit.
Humaniſez votre langage;
Ou bien, laiſſez parler la ſœur au brodequin.

MELPOMENE.

Oüi. Vous entendrez mieux ſon langage meſquin.

THALIE.

Ce langage meſquin? Vous auriez dû l'apprendre,
Puiſque, ſur mon diſtrict, vous oſez entreprendre.

MOMUS.

Vous n'avez pas raiſon.

MELPOMENE.

Quoi! Vous récriminez?

MOMUS.

C'eſt un mauvais moyen.

THALIE.

Quoi! Vous me ſoutenez....

MELPOMENE à *Momus*.

Vous êtes prévenu.

MOMUS.

Qui, moi? Quelle apparence?

MELPOMENE.

Vous m'êtes ſuſpect.

THALIE.

Moi, j'en appelle d'avance.

MOMUS.

A la folie, apparemment ?
Querellez-vous suffisamment.
Quand vous n'aurez plus rien d'inutile à vous dire,
Peut-être que du fait vous daignerez m'instruire.

THALIE.

Il est simple.

MELPOMENE.

Il est grave.

THALIE.

Il est traître.

MELPOMENE.

Il est noir.
En quatre mots.....

THALIE.

En deux....

MELPOMENE & THALIE.

Vous allez le sçavoir.

THALIE.

Elle veut désormais faire la comédie.

MELPOMENE.

Elle veut désormais faire la tragédie.

THALIE.

Elle a mis sous mon nom....

MELPOMENE.

Elle a mis sous le mien

Une piéce ....

THALIE.

Ah ! N'en croyez rien.

MELPOMENE.

C'est un fait.

THALIE.

Il est faux.

MELPOMENE.

Ce n'est pas moi.

THALIE.

C'est elle.

MELPOMENE & THALIE *ensemble.*

Oh ! Parlez donc toujours, babillarde éternelle.

MOMUS.

Courage ! On n'a raison qu'autant qu'on fait de bruit.
Ma foi, c'est une médisance
Quand on dit que l'on peut dormir à l'audiance.

THALIE.

Eh bien, jugez-nous donc.

MOMUS.

Vous avez donc tout dit ?

MELPOMENE.

On m'attribuë, à moi, certaine comédie ....

THALIE.

On prétend que j'ai fait la fausse antipathie.

MOMUS.

Oüi, sur l'olimpe elle a paru, ces jours passés.

THALIE.

On la dit d'une espéce à qui rien ne ressemble :
C'est tout bien, & tout mal ; & tous les deux ensemble.

MELPOMENE.

A qui l'imputez-vous ?

MOMUS.

Mais, vous m'embarrassez :
Le stile est équivoque, un peu trop dramatique ;
Et pour mieux dire, il est épi-comi-tragique.

L'IMAGINATION.

Pour moi, je m'en lave les mains.

MOMUS.

On croiroit qu'à vous deux vous avez fait la piéce.

THALIE.

Ce ridicule accord déplairoit aux humains.

MELPOMENE.

Quoi ! L'on m'imputeroit la derniére bassesse ?
Victime d'un soupçon devenu criminel,
On veut m'envelopper d'un opprobre éternel ?

MOMUS.

Doucement. Ces lambeaux que vous venez de dire,
Sont dedans, mot à mot.

THALIE.

Ils ont dû faire rire.
Ce n'est point-là mon stile ; il est un peu moins haut,
De la prose rimée est tout ce qu'il me faut,

MELPOMENE.

Ils y ſont ? Je l'ignore ; & l'on m'en fait un crime ?
Mon repos, mon honneur, tout en eſt la victime.

MOMUS.

(*à Thalie, qui rit.*)

Ces vers en ſont encor. Vous aurez votre tour.
(*à Melpoméne.*)
Par exemple, une fille épouſe ſans amour
Quelqu'un, qui n'avoit point de goût pour l'hyménée;
Comment le faire dire à cette infortunée ?

MELPOMENE.

L'un & l'autre aux autels nous fûmes entraînés;
L'un & l'autre à regret nous fûmes enchaînés.

MOMUS.

Bravo !

THALIE.

Moi, j'aurois dit avec moins d'étalage,
Ce ne fut point l'amour qui nous mit en ménage.

MOMUS.

Vous ſçavez toutes deux cette piéce par cœur :
En ſe juſtifiant l'un & l'autre l'avoüe.

MELPOMENE.

C'eſt un vol qu'on m'a fait.

THALIE.

C'eſt un tour qu'on me joüe.

MOMUS.

Allons, à frais communs partagez-en l'honneur.

MELPOMENE.

MELPOMENE.

Que vais-je devenir ? Le bruit va s'en répandre ;
Momus ira le dire à qui voudra l'entendre.

THALIE.

Et l'on n'en croira rien.

MELPONENE.

Ah ! Quelle est votre erreur !
C'est le sort du métier. On m'en croira l'auteur.
Tout ce qui peut nous nuire, ou nous perdre, est croyable.
Qu'il paroisse un ouvrage absurde & pitoyable,
On n'examine rien ; & la crédulité
Va toujours contre nous jusqu'à l'absurdité.

THALIE.

Je ne m'étonne plus qu'on donne à des poëtes
Des sottises de plus que celles qu'ils ont faites.
Je vois bien à présent qu'une muse d'honneur,
Avec son innocence, a besoin de bonheur.

MELPOMENE.

(à l'Imagination, & l'Intrigue.)

Mais vous autres, parlez. Quel est donc ce mystére ?
Rien ne se fait ici sans votre ministére.
Justifiez-vous donc de cette iniquité.

L'IMAGINATION.

Je vais dire la vérité.
Il est vrai que jadis j'eus part à cet ouvrage,
Aussi-bien qu'au prologue, & c'est un franc pillage.
A l'égard du prologue, il fut neuf autrefois ;

Et l'on a mis en vers ce qui n'étoit qu'en prose.
C'est qu'au Parnasse on vole ainsi que dans un bois.

L'INTRIGUE.

J'aurois donc corrigé le texte par la glose.
Je n'aurois pas produit des hommes & des dieux
Ensemble sur la scene ; & pour plus de justesse,
Je me serois réduite à l'une ou l'autre espéce.
Ce mélange-là jure à l'esprit comme aux yeux.
Il faut de l'unité parmi les personnages.

MOMUS.

L'auteur ignoroit-il des régles aussi sages?

L'IMAGINATION.

C'est qu'il s'est ménagé de quoi se critiquer.

MOMUS.

Il a bien réüssi.

THALIE.

Daignez vous expliquer
Au sujet de la comédie.
On l'appelle, dit-on, la fausse antipathie.
Que veut dire ce titre ? Il est des plus nouveaux;
La fausse anthipathie !

L'IMAGINATION.

Hé bien, le titre est faux,

MOMUS.

J'imagine l'entendre, ou du moins je l'admire.

L'IMAGINATION.

Ainsi, comme je viens de dire,
J'imaginai jadis la piéce d'aujourd'hui,

Ou tout au moins l'idée. Elle est le bien d'autrui.

MOMUS.

Est-il quelqu'un qui la reclame ?

L'IMAGINATION.

Madame, par hazard, n'êtes-vous point ma femme ?
Monsieur, par avanture, êtes-vous mon mari ?

THALIE.

Ah ! Ah ! C'est dans Démocrite.

L'IMAGINATION.

Oüi.
C'étoit un épisode, une scene grotesque,
Qu'on a fait devenir tout-à-fait romanesque.

MOMUS.

Mais pas tant ; ou du moins le roman n'est pas neuf ;
Au fond, c'est un mari qui voudroit être veuf ;
Rien de plus naturel. Sa femme, fille & veuve,
Voudroit, d'un autre hymen faire encore une épreuve ;
Rien de plus ordinaire.

L'INTRIGUE.

Oüi, par un grand narré
D'un domestique à l'autre, & fort mal préparé,
L'assemblée est d'abord très-bien endoctrinée.
La protase est surtout joliment amenée.

MOMUS.

La protase !

L'INTRIGUE.

Aristote enseigne à ce propos. . . .

MOMUS.

Vous vous gâtez la bouche avec de si grands mots.

L'IMAGINATION.

Si l'auteur eût daigné venir à notre école,
Sa supposition n'eût pas été si folle ;
Car enfin se peut-il que des gens mariés,
Poussent l'oubli jusqu'à ne se pas reconnoitre ?

MOMUS.

Cela seroit heureux, si cela pouvoit être.

L'INTRIGUE.

Quoi ! Lorsque par l'hymen, ils sont encore liez.

MOMUS.

L'hymen est fort sujet à manquer de memoire,
Et l'intrigue pourroit citer plus d'une histoire
De maints & maints époux les mieux appariés,
Qui se sont bien plus vîte, & bien mieux oubliés.

L'IMAGINATION.

Vous plaisantez fort à votre aise :
Mais cela ne rend pas la piéce moins mauvaise ;
Quant à moi, sans entrer dans de plus longs débats,
Je dirai que ce n'est qu'une longue élégie.

L'INTRIGUE.

Ah ! Si j'avois eu part à cette comédie,
On y rencontreroit tout ce qu'on n'y voit pas :
Ces traits, ces incidens heureux & nécessaires ;
Cet aimable embarras qui vous tient en arrêt,
Et qui, de scéne en scéne augmentant l'intérêt,
Par des événemens qui paroissent contraires,

Méne insensiblement l'action à son but.

MOMUS.

Bon, bon, ces piéces-là, si jamais il en fut,
Plairoient peut-être moins que d'autres moins parfaites.
Ainsi dans l'idée où vous êtes,
Celle dont nous parlons n'eût pas dû réüssir.

L'IMAGINATION.

Le bonheur fait souvent le succès d'un ouvrage,

MOMUS.

J'ai donc eu bien du tort d'avoir eu du plaisir?

L'IMAGINATION.

Vous vous passez à peu.

MOMUS.

J'en suis d'autant plus sage.
Morbleu, qu'on fasse donc venir le dénoüement:
Je ne sçaurois sans lui, rendre aucun jugement.

L'INTRIGUE.

Il a déja reçu trois ou quatre messages:
Il nous met tous les jours dans le même embarras;

L'IMAGINATION.

Il faut, en attendant qu'il traine ici ses pas,
Allonger la courroye, user de remplissages;
Et, quand les spectateurs sont las de s'ennuyer,
Le drôle se réveille, & vient les renvoyer.

MOMUS.

Eh bien, qu'il vienne donc. Il se moque, je pense,
De nous laisser ainsi chômer à l'audiance:

Sinon, je vous appointe.

L'IMAGINATION.

Ah! C'est encore pis.

SCENE IV.

DEUX GENIES, LE DENOUEMENT, & les autres acteurs.

UN GENIE.

MArchez. Que de façons, la résistance est vaine.
Oüi, parbleu, mort ou vif, vous irez sur la scéne.

SCENE V.

MOMUS, MELPOMENE, THALIE, L'INTRIGUE, LE DENOUEMENT.

LE DENOUEMENT.

ME voici. Que veut-on? Peste soit du pays!
Morbleu, je suis bien las d'apprêter tant à rire.
Qu'est-ce? On m'accuse encore, à ce que j'entends dire:
De quoi donc, s'il vous plaît?

MOMUS.

N'êtes-vous pas celui
Qui termine, ou prévient l'inévitable ennui,

Et qui sur l'une & l'autre scéne
Tirez les spectateurs & les auteurs de peine ?

LE DENOUEMENT.

Ah ! Ne me parlez plus de ce maudit emploi.

MOMUS.

Pourquoi ? Vous avez fait un beau coup de partie.

LE DENOUEMENT.

Où ?

MOMUS.

Dans la fausse antipathie.
Vous l'avez dénoüée avec adresse,

LE DENOUEMENT.

Moi ?

MOMUS.

Oüi, parbleu. C'est un coup de maître.
Comment ! Il s'agissoit de faire reconnoître
Deux époux, qui s'étoient oubliés à forfait.....
Oh ! La reconnoissance a fait un bel effet.

LE DENOUEMENT.

Sur la foi d'un écrit que l'on avoit en poche,
Reconnu par un oncle arrivé par le coche,
Le porteur s'est trouvé, sans opposition,
Estre l'époux en question ;
Je ne garantis pas qu'il soit le véritable.

L'IMAGINATION.

Mais pour eux, en tout cas, l'erreur est profitable.

L'INTRIGUE.

Le public indulgent, ou las de s'ennuyer,

A ſuppléé ſans doute à ce leger indice,
Et n'en eût pas voulu davantage eſſuyer?

LE DENOUEMENT.

Pour moi, depuis long-tems j'ai quitté mon office.

MOMUS.

Pourquoi donc, s'il vous plaît? Qui peut vous dégouter?

LE DENOUEMENT.

C'eſt qu'enfin je ſuis las de tant me répéter
Tout paroît épuiſé, graces à ces déeſſes;
Auſſi bien qu'aux auteurs bornés dans leur métier.
Peſte ſoit de l'engeance, & de toutes leurs piéces,
Que je ne ſçaurois plus bacler, ſans employer
Des cataſtrophes ſurannées,
Décrépites & ramenées
Sur le théatre au moins cinq ou ſix fois par an!
Comptons. Pour dénoüer les ſotiſes courantes,
Je n'ai que deux ou trois manieres différentes.
Tantôt, c'eſt un rival, un barbare, un tyran,
Qui va, par les forfaits ſignaler ſa puiſſance;
Mais enfin dont le cœur vient à réſipiſcence.
Tantôt, je ſuis empoiſonné;
Ou bien j'arrive aſſaſſiné
Sur deux des miens qui me ſoulévent.
Je fais ma doléance, & les ſiflets l'achevent.
Une autrefois, je viens inconnu, déguiſé,
Et la plûpart du tems fort mal dépaïſé.
J'enviſage les gens, je lâche une équivoque,

Sur

Sur quoi l'on m'en riposte une autre réciproque.
Je change de maintien. Je fais un *à-parté*
Assez haut, pour être, à la ronde,
Très-bien oüi de tout le monde;
Mais que l'on ne doit pas entendre à mon côté.
Je me raproche alors. Je jase, l'on babille.
On m'interroge, & je réponds.
On se trouble, & je me confonds.
On insiste, j'hésite; &, de fil en aiguille,
Je me nomme; on s'écrie, ah! C'est vous! Tout d'un tems
Je tombe aux pieds, ou bien je saute au cou des gens;
Maugrebleu des reconnoissances!
Je ne veux plus avoir ces sottes complaisances.
Ne comptez plus sur moi, je vous en avertis.
Je ne reconnoîtrai seulement pas mon pere.
(*L'assemblée rit.*)
Je suis donc bien plaisant? Vous ne rirez plus guére.
(*à Thalie.*)
Oüi, m'amie; avec vous, ma foi, c'est encore pis;
(*En montrant Melpoméme.*)
Avec elle on se tuë; au moins cela varie.
Mais, morbleu, vous voulez toujours qu'on se marie;
Je suis las d'endosser la robbe & le rabat,
De venir en notaire, avec un faux contrat,
Excroquer une signature,
Une donation; & dupper sans pudeur
Pere, mere, oncle, tante, ou quelque vieux tuteur,

Et marier les gens, comme on dit, en peinture;
En un mot, ajustez vos flutes autrement.
Serviteur.

MOMUS.

Mais souffrez que l'on vous représente....

LE DENOUEMENT.

'A commencer par la présente,
Les piéces désormais seront sans dénouëment.
Bon soir, & bonne nuit; voilà ma révérence:
Faites la vôtre aussi.

(*Le dénouëment s'en va.*)

MOMUS.

Mais il s'en va, je pense?

MELPOMENE, THALIE, L'IMAGINATION, L'INTRIGUE, *courant après le Dénoüment.*

Holà donc, arrêtez. Holà?

MOMUS.

Courez après.
Palsambleu, jugera qui voudra vos procès.

Fin de la Critique.

www.ingramcontent.com/pod-product-compliance
Ingram Content Group UK Ltd.
Pitfield, Milton Keynes, MK11 3LW, UK
UKHW031916260826
14628UKWH00003B/1228

9 782019 129712